漣漪詞

11個改變人我關係的正向思考

陳郁敏 Yee-Ming Tan

最近幾年，只要我看到真正能成為經典的好書，我都願意寫序，鼓勵更多人買好書、讀好書、送好書。

《漣漪詞：11個改變人我關係的正向思考》就是這樣的一本經典好書。

在寫這篇推薦序之前，我必須先做一個公開聲明：陳郁敏小姐是我的Business Partner，我們推廣漣漪卡和漣漪謝卡，及以正向心理學（positive psychology）為基礎的公司經營理念。因此，我有絕對的私心希望陳郁敏的《漣漪詞》能有更多人知道，影響更多人。我知道《漣漪詞》裡有許多是西方的概念，經過陳郁敏小姐做了東西方思考模式重新的整合及創造後，是一本非常難得的好書。

當您試著用不偏執、不評斷的心情用心再三閱讀，您會突然發現，您就是書中的案例，因此您也可以從案例中找到答案及工具。這是一本會改變您態度的經典書，也是您書架上永遠有實用價值的一本收藏參考書。

《漣漪詞》是一本Executive Coach從中國大陸、新加坡、馬來西亞、香港、台灣的真實案例中，來談如何改變自己，做一個最真實的自己的中文書。下次再有人問我如何做一個積極正向思考，永遠樂觀的人時，《漣漪詞》就是我的第一本推薦書。

我的秘密，也是我個人最常用的工具就是第八章的Self Talk。經過不斷的Self Talk，我成為我自己最好的朋友。這也是我為什麼鼓勵許多人用漣漪卡。很可惜，我最簡單的秘密，卻很少有人願意修練。成功的人只是做不成功的人不願做的事，道理都知道，但真心願意去做的人卻很少。只要您能學會用肯言（Affirmation）做個人化、積極現在式的Self Talk，並不斷用圖像化的練習，您就會開始改變自己的行為，並養成「新的習慣」。

第六章的Dealing with Fear，也是我

時常做的功課，在肯夢、肯邦、肯愛，我也僅是盡力建立一個健康、免於恐懼的透明互信環境。然後，我就會放下，讓公司的人都能用他們自己的方法去學他們自己的教訓。

讓我最震撼的是第五章 Be Authentic。我發覺到，真正的快樂，一定要能做真實的自己，否則就不是真正的快樂。尤其在華人社會中，要做一個真實的自己是特別的困難。

第四章 Know Yourself 是我一生的功課，至今我仍在學習。Know Yourself 並不是單純的靜坐、獨處、流浪、放逐、出走即可，《漣漪詞》告訴我們，是有方法在實際生活中，用 Self Reflection 和 Self Talk 真正的面對自己、承認、接受自己，然後才開始療癒，真正的改變自己。

第三章 Accountability 是我們不能改變的主要原因。因為中文裡並沒有真正妥切的翻譯，尤其從小因為父母的過度保護，讓我們很少人能從小有「對自己負責」的價值觀。

如果有人問我，21 世紀的人需要建立什麼樣的思考模式？擁有什麼樣的解決問題工具？當您用心閱讀，接受並演練《漣漪詞》提供的工具時，就找到您所一直追尋的答案。

在閱讀時，我不時被陳郁敏真實的心路歷程所感動。相信許多人讀了陳郁敏在書中分享自己在感情生活中的成長而會突然想通了，有勇氣對自己負責，從糾葛牽掛中走出來。

當您讀完此書，對自己生命的認識也將從此改變。

Start your own ripple effect.

肯夢 AVEDA

漣漪人，悅日人，生意人

我們都知道長尾現象（The Long Tail, 2006，作者 Chris Anderson）。

一些真正有內涵的經典創作（音樂、書籍或任何能數位化的產品），在初期可能不是一炮而紅的暢銷明星產品，但是能夠像成長曲線圖中的長尾巴一樣，數十年後仍能因為讀者的喜愛及口碑相傳，而默默的不斷再版，經年累月，而成為一個真正經典的書。

陳郁敏的《漣漪詞》，就是這種少數的長尾現象書籍。陳郁敏所分享的 11 個漣漪詞，從開始的「選擇」（Choice）到最後的「帶出人最好的一面」（Bring out the best in people）都是身為 21 世紀的世界公民必須認真學習的人生實用哲學及態度。

我最近一直在鼓勵年輕人如果不喜歡所看到的社會主流現象及價值觀，為什麼不自己走出去，創造一個自己的運動（Start your own movement）。

陳郁敏在書中所談到的漣漪人運動（Ripplemaker movement），跟我所提倡的悅日人運動（Daymaker movement）是互補相成的。我真心希望大家參與這個漣漪人，悅日人運動。

大家所熟悉的甘地名言：Be the change you want to see in the world，對我而言就是一個漣漪人運動。先讓自己改變成你想要看到的世界，這世界就會因你的漣漪而改變。

恭喜你，當你買了這本《漣漪詞》書，你就參與了漣漪人運動。
Happy Rippling.

肯夢 Aveda，肯邦 Paul Mitchell/Label/Utowa，肯愛非零 Nonzero
生意人，悅日人，漣漪人
www.pingchu.com
pingc@canmeng.com.tw

我從事教練工作，幫助許多人解決他們在職場上、生活上所面臨的問題。同時我也幫助過許多人提升他們的能力，追求更美滿充實的生活。從多年來輔導的經驗累積發現，不論位階是執行長或是剛進入職場的上班族、專業經理人或是公司負責人，這些人在面對問題時都有些共同點：

一、**心態**——對人對事的態度。

二、**思路不清晰**——腦子裡的思緒很亂，對於事情的前因與後果理不清，只知道心中為此感到不舒服，不知事情該如何解決。

三、**缺乏一個有效解決問題的工具**——思考方式或行為技巧上的工具。

四、**恐懼感**——因為害怕失敗，尤其擔心過去的成功形象會因此而受損，或擔心別人怎麼看，為別人而活的思維帶來生活上的矛盾與痛苦。

五、**尋求滿足感，快樂及有意義的生活**——很多人缺乏追求的方法，只知道自己很空虛卻不知如何滿足。

我相信21世紀的人，是生活在快節奏的社會裡，事物變化快速，遊戲規則也不斷改變。21世紀的社會不是一個穩定的機制，它沒有一個穩定的指針，沒有一個固定的人生道路；也沒有一個穩定的職業保障；公司的經營模式及組織架構會一直改變，每個人對事物的優先順序也會不斷改變。21世紀已無明顯邊界存在，經濟走向全球規模化，國際網路消弭了國與國的界限，工作職務的調動與出差讓我們得以遊走各大城鄉與國家。我們與其他人、消費者、供應商的往來，是透過不同文化與語言進行的。全球化現象似乎也進駐一般人家庭裡，兒子那一代接受留學教育，他們與配偶結識於異地，繫起兩方不同文化背景而結婚，孫子那一輩繼續在外國成長，言行舉止早就不像是中國人。

在這樣的環境下，傳統的穩定互動方

式早已不合適了。21世紀是關於如何使用個人的力量來影響其他人，去創造、去貢獻的時代。不管這個對象是我的上級或下級，是客戶或供應商，甚至是社群裡的人都好，一個人要如何發揮最大限度的能力，去帶動其他人、去感染其他人，才能執行很多我們想達到的東西，在這種情況下，有兩點值得關切：

1. 怎麼做最真實、最優秀的自己。
2. 怎麼帶出別人最優秀的一面。

因此，這本書就是一段旅程的開始。你要先看看自己，認識自己，接受自己的優缺點。然後，開始改善，開始進步，開始學習，開始養成新的習慣，讓自己的心態帶出自己的進步。當你在自身的修練中能做到，把自己最真實最優秀的一面呈現出來的時候，你就會得到很多的收穫與滿足感。

什麼是「漣漪人」（RippleMaker）

漣漪卡（RippleCards）是一套正面思考的工具。當一個人使用漣漪卡時，將會有兩個漣漪的效應。使用肯言來維持正面與愉快的情緒是內在的漣漪，而這愉悅的狀況會創造一個外在的漣漪。這外在的漣漪會影響我們周圍的人，也感染他們在情緒上有正面的漣漪，由此感染更多的人。我們相信善的漣漪是沒有疆界的。積極正面的價值觀也是可以傳播的。只要我們都願意參與成為一個漣漪人，世界會因為我們的改變而開始改變。我們每個人都盡自己的力量，從自己先開始修練，要意識到自己的思維方式怎麼影響自己的行為，看看自己的行為怎麼帶出結果來，而當你認清這些的時候，就會慢慢知道自己的強項在哪裡，知道需要改變的是什麼，知道要怎麼做才能帶出更多的學習、更多的滿足感、更多的快樂。

如何使用本書？

促成我寫這本書的動機，是希望它能成為一本非常實用的手冊，能啟發你建立一個很積極、很有行動力，並且能帶出正面能量的心態。

每個章節有很多的案例，都是我曾教練過的案例與真實發生在我身邊的故事（案例中的人物名字及情境為保護當事人已做些改變）。書中有很多工具，讓你看完後可以自己練習去掌握這些工具，幫助你更深入地去體會學習。書中也有許多建議，以及延伸閱讀，在你想更深入認識這個章節的主題時，不妨參考這些推薦書單。當然，每個章節裡都會有的漣漪卡肯言（affirmation），是文章的中心精神所在。

我把這本書獻給我的父親陳建豐、母親黃愛莉。

我還要感謝我在大陸、香港、臺灣及其他亞洲國家和地區所教練過的人，你們每一個人都是這本書的作者。你們是我的 inspiration，啟發我要做得更好，讓每個人更好。在這過程中，我也成長，也更快樂，生活也更充實。你們每個人的自我改變，其實就是開始了正向漣漪。

YeeMingTan.

《漣漪詞》出版已有三年了。在跟兩岸三地的讀者的互動中，我發覺《漣漪詞》這本書帶給大多數讀者的感動在於個人的層面，如何控制自己的情緒，如何選擇，如何讓自己過得更自在，更快樂。以下我選了幾位讀者的來信分享，是讀者送給我非常珍貴的禮物。

●您教我的「只因為他跟你不一樣，並不代表他錯」的概念，我已經與女兒，姐妹，朋友分享了。我女兒昨天來電說她現在開始能夠了解男友的立場，因為她接受男友可以擁有不一樣的想法的可能性。我個人最大的收穫是接納了我老公。他不是我理想中的男人，但他是個好人。不符合我的理想不是他的錯。——青島的讀者

●當初從朱平先生專欄文章裡發現了《漣漪詞》這本書，一開始只是抱著試閱看看的心情，但越去閱讀其間的例子越是可以處處看見生活的影子，越是感到無法處理的問題，越是可以

在裡頭找到中肯的建議。沒有艱澀的生冷語句，有的是平靜如朋友般的閒聊耳語，卻又讓你的心裡泛起了一點點的漣漪與實踐的勇氣，我想它真的是一本值得收藏的好書之一。——台北的讀者

●非常感謝您在上一封信的建議和鼓勵。關於工作上，今年我的部門主管，在年初也針對我的問題跟她做過幾次討論，她也一直鼓勵我，並且在事情的處理上，也不斷與我針對溝通上或者是能力上，聽取我的想法，跟我做一些意見的交換。這點對我的幫助很大，不會讓我自己老是覺得自己做錯，而一直沉悶下去……。在個人的信心上，我試著去改變自己的想法，盡可能不去在意別人的眼光和評價。給自己訂一些目標，也不貪心一次就想要有很大的突破，上個月底也順利完成了自己的第一個目標，考取了一張微軟的認證，覺得這樣的感覺真的很好，會覺得自己可以做得到，而且可以做得很好。雖然，現在偶爾

還是會因為別人的一些話語，覺得心情低落，不過，時間不會太長，讓自己集注在自己訂的目標時，就會忘卻了周遭。我想最大的轉變應該是在我決定去上課，給自己考取認證這個目標開始吧。去上課學到新東西，有新的知識進來，會讓我覺得不會只在原地打轉，也在充實新東西之後，和其他同事的討論過程中，發現原來自己沒有比他們差，甚至我已經是超越他們了。現在，我正在積極訂下一個目標，也希望透過這樣的方式，能夠讓自己維持下去，也知道自己還有很多地方要突破，如溝通能力。我試著告訴自己不要急，一步一步慢慢來。老師，我真的很喜歡現在的感覺，這樣的感覺真的很好。——台北的讀者

我相信因為他們自身的改變，他們的世界也變得更好更美麗了。

當《漣漪詞》簡體版2009年底在大陸出版時，我接受了東方網的視頻訪談。我對那位主持人印象特別深刻。她注意到書裡11個漣漪詞排列的關鍵。她說：「最後一個漣漪詞『帶出別人最好的一面』，我覺得把11個關鍵詞的境界往上提升了，之前的那些還是為了使自己過得更快樂，而最後一個就更加明顯顯示出漣漪效應，我們不僅自己過得更快樂，也要讓別人過得更快樂。之所以放在最後，如果你自己還沒有做到了解自己，了解到自己產生的漣漪效應是怎麼樣的時候，你無法去做到帶出別人最好的一面來。」

這位主持人的觀察同時也啟發我思考2個問題：

1)《漣漪詞》書裡的內容是否過度強調個人而忽略了與別人的互動？

無力感。我接觸的人中有太多人對自己、對工作、對生活、對未來有一種無力感（sense of helplessness）。他們會認為自己的貢獻沒有作用，「我努力工作有什麼用，別人靠關係，靠討好取巧馬上得到老闆的重視」或是「我為什麼要合法納稅，別人沒納稅反而賺大錢」。

只顧自己不顧別人。也有許多人帶著「自掃門前雪」心態，只顧到自己的方便而不顧別人。我有個朋友的隔壁鄰居，把垃圾丟到自己的後院裡，院裡堆滿酒瓶、食物器皿、爛家具等等廢物。左右鄰居不只必須每天目睹垃圾，自己的家不管收拾得怎麼乾淨，也無法消除蟲蚊的騷擾。在公路上喜歡開慢車的人，是否有為後面的司機設想？尤其是我最近一年在台東都蘭生活，台11線是雙車道，如果前面一輛車開得慢，後面很快就大排長龍。開慢車並沒有錯，只要記得體諒別人，靠邊開讓後面的人能夠超越。我相信這些事件並不只發生在台東，而是在這兒生活讓我有更深的體會。

鴕鳥心態。鴕鳥心態是指當出現問題時，首先想的不是解決問題的方法，而是選擇逃避，不敢正視問題的一種心態。曾經有位讀者，非常喜愛《漣漪詞》，很用心的學習做個正向積極的人。他跟我投訴說無論他如何改變自己，當與別人有衝突，他會很努力的以正面的方式思考，譬如不要太在意別人的想法，沒有人是完美的，要原諒別人，掌控自己的情緒等等，但好像都沒有什麼效果，跟別人相處還是消耗能量的互動。這位讀者做了第一步驟，調整自己的心態，這還不足夠。他還沒有面對問題，還沒有處理問題。心理建設讓我們能夠以正面的心態面對對方，但如果衝突沒處理好，自己的正面能量也會完全被消耗掉。所以除了調整自己的心態，我們必須掌握積極面對問題的處理方式。在新版第7章節「處理問題」，我加了一個積極處理問題的故事。

改善自己，展示自己最好的一面，最終也是為了與他人相處得更自在更幸福。所以改變必須從自己開始，讓自己成為漣漪的中心點。

2）漣漪人效應是否一定得先從個人開始？

如果我們從最後幾個章節開始，以「帶出別人好的一面」及「世界因你而不一樣」為起點，效果會如何不一樣？我們會不會因為跟別人有良性的

互動，而產生對人性的信任，從而建立正面的人生觀，最後開始對自己有積極的期許？

我相信這種做法也可能達到效果。不管是從更改自己或改變世界開始，心態的改變是不足夠的，我們必須積極面對，採取行動，打破自我設限的框架，正向的能量就能夠發揮它的作用。你認為呢？

我個人的改變。為了準備《漣漪詞》新版，我用心的重讀這本書。讀到「世界因你而不一樣」章節時，有深深的感觸。重讀這個章節，我才意識到自己成長了，三年前的我與今天的我有一個很大的區別，就是對「世界因你而不一樣」的信念更相信了。三年前我相信每個人都有能力改變自己的世界，但那時候是一種理性的相信，做起來還是有些勉強，心裡還是有些微的抵觸，就是那種知易行難的感覺吧！

今天我發覺已經完完全全的接納我可以通過我的行動，讓這個世界不一樣

的想法了。Make a difference 不再是一個遙不可及的理念。當朱平提出有社會目的的營利企業（Profit for Purpose [PFP] Business）的概念時，同時也建議我們一起建立「漣漪人基金會」，我馬上答應了。做法是從我們各自的生意利潤裡，每年撥出一筆錢來支持這個基金會，讓基金會幫助更多有夢想的人追求他們的夢想。三年前我對「改變自己」的能力堅信無疑，但對「自己改變世界」的能力還有些保留。很慶幸自己在這方面有進步。有學習，才有成長。有成長，才有分享。有分享，才會快樂。

漣漪人，了解自己的行動是有漣漪效應的，先改變自己，讓自己成為漣漪的中心點，成為正向，以積極方式思考及行動的人，漣漪的效應就會發生，這社會、世界也會因此而改變。我希望讀過《漣漪詞》的人，不只是心中一股感動，而是真正的練習把自己最真、最善良、最美麗的一面在現實生活中展示出來。我希望《漣漪

詞》在你的生活中起了實實在在的作用。

好友Winnie Yang深有同感，為此特別寫了這段話：

「坦白說剛聽到悅日人、漣漪人的觀念時，我並不是全然相信的，但是也找不到否定的理由，只覺得是對的事情就去做看看，一直到現在好像越來越覺得它是對的。幾年下來認識我的人都感受到我的改變，覺得我不一樣了，最明顯的是我知道自己變快樂。我想大多數的人應該跟我是一樣的，當我們沒辦法在一開始就參透其中真義時，告訴自己先做了再說，隨著時間的經過，會一一證明與實現的。開始去做吧，只要開始，漣漪就會產生。」

新版內容的改變。我希望《漣漪詞》新版的讀者，先看我為新版寫的導言，然後才閱讀11個章節的內容。有新的內容，有新的理念，有新的案例。

第1章節，加了「快樂蛋糕」。第2章節，加了一個如何讓自己工作更快樂的實例。第3章節，加了「如何做對的選擇」。第4章節，加了「優勢：有它為什麼不用呢」。第5章節，加了「謝謝你愛我」和「建立獨立人格」。第7章節，加了「怎麼改善與家人的關係」。第9章節，加了「做個悅日人」。第11章節，加了「三種錯的及一種對的回應方式」。

Table of contents

Start your own ripple effect

01. Choice

選擇

I run my life on a "choose to-want to-love to" basis. I am
personally accountable for what I am and what I do.

我以「我選擇／我想要／我熱愛」的方式生活。我對做一個真實的我和我的行
為，完全自行負責。

迷思

1. 我沒有別的選擇（其實你有別的選擇，你只是不想要而已）。

2. 在這麼多選擇中，只有一個是對的，而其他都是錯的。

把「要我」轉換成「我要」

因為友人的邀請，我去了青島跟一群讀者分享我的書《漣漪詞》。我聽到了他們的心聲，如何認識自己，在大我及小我間如何找到平衡點，可以自信的展示自己，又不傷害別人。阻止他們勇敢的去做自己的因素，通常是不想傷害身邊關愛他們的人，不想讓他們失望，尤其是父母、配偶、家人等。他們不約而同的覺得只有跟朋友在一起時才覺得自在，最可以做自己。你有同感嗎？

我一直覺得這是非常可惜的，最愛我們的人應該是最期許我們快樂做自己的人，但他們在現實生活中卻是帶給我們極大壓力的人。因為他們對我們有太多的期許，把自己未圓的夢都寄託在孩子及家人身上，他們的愛是有條件的愛。

事實雖然如此，但積極的人生是必須自己去經營的，一次一次的為自己做決定，也願意為自己的決定負責任。如果要掌握自己的人生，需要有勇氣面對社會、家庭及他人對自己的期許，而不是把這些期許當作我們不追求自己生活的藉口。有一位讀者分享她第一次做了一個讓家人失望的決定，離開了一份安穩的工作，加入一個風險較高的公司。父母當然很生氣，過了一段時間，父母終於接受也認同她的決定。她今天的成就，就是源於當初做了這個讓很多人失望的決定。另一位讀者他當兵後決定繼續升學，很多人都說他傻，他會比同齡人慢了三年。當初這個決定也得不到別人的認同，但他覺得這是他要走的路，他自己獨特的一條路。

有位讀者這樣總結了我們一天的分享學習：積極心態就是把「要我」轉換成「我要」，為自己的人生負責任。真棒的總結！

選擇走自己的路，並不擔保會達到社會主流所定義的成功，但你會成功的創造自己的人生。

先天或後天？

答案是兩者都是。正向心理學創始人馬汀・塞利格曼（Martin Seligman）有本較少人知道的書，1995 年出版的《*What You Can Change and What You Can't: The*

Complete Guide to Successful Self-Improvement Learning to Accept Who You Are》，書裡
的一個結論是：兒童時期的創傷並不一定會造成無限期的傷害，有些事情後天可
以改變，有些事不能改變。

塞利格曼的學生，柳波默斯基（Sonja Lyubomirsky）從事幸福感研究。她與同事
把各個有關幸福感的研究成果綜合起來，並用「蛋糕圖」的形式把影響幸福感的
種種因素標示出來。這塊蛋糕的一半（50%）是遺傳設定好的那一半，而最小
（10%）的那一片蛋糕表示的是環境因素，說明人們幸福感的差別有10%是由環境
決定的。那麼剩餘的40%是什麼呢？是我們的主觀行為（intentional activities），
就是能夠為人們尋找一種能夠把幸福感長期保持在遺傳基線水平上的各種行為對
策。這和運動員通過加強鍛練和飲食控制，可以把體重控制在遺傳設定的天生水
平以下的做法完全相同。

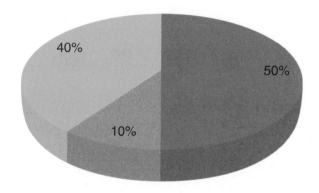

柳波默斯基的「開心蛋糕」（Happiness Pie）是一個形象的提醒：無論起點是在
哪兒，有很多事情都在我們自己的掌控之中，都是通過我們有意識的行動而實現
的。

CASE
你可以選擇走出悲傷

我的朋友卡洛琳跟她的男友已經分手九個月了，但至今卻尚未走出過往。每次接
到前男友的電話，或是聽到關於他的消息時，她的心情就會變得很不好，諸如突

然變得很生氣、暴躁、傷心、自我懷疑等，也就是所謂的負面情緒。有一天，我請她選一張漣漪卡，想藉此提醒她時，她選了這一張：「我有選擇自己快樂的權力。我選擇不讓別人影響我的心情。」（I choose to be happy. I choose not to let other people affect my mood.）

看到這張漣漪卡的那一刻，她突然發現，其實一切都是自找的。是她自己一直讓前男友的消息影響她，其實她的前男友並沒有刻意去刺激她或傷害她，反而是她自己不斷地去放大前男友的所作所為，讓那些消息來傷害自己。

她突然覺得能夠釋放自己，不再讓那些煩惱、消息等，來影響她的生活。

 ## CASE
你可以提醒自己要快樂

當有不愉快的事情發生時，我很習慣生悶氣。我常在毫無進展地瞎忙一整天後，或是覺得很沒有生產力或成就感時，感到非常厭煩，於是便自己生自己的氣。同時還會找個人來發洩，遭殃的多半都是我男朋友。

不過他往往會用這樣的方式來回應我的無理取鬧。

他會面帶微笑，輕聲地念著：「我有選擇自己快樂的權力。我選擇不讓別人影響我的心情。」（I choose to be happy. I choose not to let other people affect my mood.）這是我自己寫在漣漪卡中的話，在我情緒不穩定的時候，他還能保持著開心、平靜的心態來面對我。

我可以選擇快樂

「Choose to be happy」，這是漣漪卡中最受歡迎的一張卡片，當我意識到自己其實可以選擇不要讓別人來影響自己時，這真的是一種解放。

我媽媽是個比較主觀且強勢的人，她以前脾氣暴躁，在我童年的成長環境中，她常常將她的情緒、怒氣、挫折，全都發洩在家人身上，我們全家都看著她的臉色度日；當她不高興時，全家沒人可以高興；她不開心時，全家都戰戰兢兢，不敢惹她，免得引起軒然大波。

當時全家的氣氛都取決於媽媽當天的心情。直到現在我才意識到，其實這是可以

避免的，我們並不需要去經歷那種草木皆兵的緊張情緒。我們有選擇，可以去調整自己的心態，可以選擇要怎樣過日子。可惜那個時候，我們家人都沒有意識到自己有選擇性，只是被動地接受，以為這就是人生了。

我回想以前我跟前男友的關係，發現似乎是個固定的、不斷重複的模式，那就是我常常會受到對方的影響。過去的我，很容易就被別人的情緒影響，並沒有過濾的能力，當時我從沒有分析過自己為什麼要被他人的情緒影響呢？例如我以前的一個老闆，他是個完美主義者，對自己對工作向來都有非常高的要求，因此當他不滿時，當他不快樂的時候，我也身陷其苦。又例如我以前的一個室友，每當她跟男朋友吵架，心情不好時，我也會受影響而不開心；有的時候是因為她的態度，有的時候則是覺得是否是我讓她不開心之類的。

當時的我，並不懂得如何將這些情緒推開。這些與我無關，我其實沒必要讓她的情緒影響我。

要學會知道自己「有選擇」，其實是一門很漫長的修練，真的是說時容易做時難。坦白說，我並不認為自己可以完全不受別人影響，不過現在已經比較學會去分析自己是否要受這個人的影響。如果是很親密的人，當然會比較在意，但如果是較為陌生或不熟識的人，我現在已經能逐漸明辨，而不受他們情緒的起伏而波動，**即便是受了影響，我也能盡量地縮短時間。**

前些日子，我跟一個客戶見面。他剛調任到這個地區，我們素昧平生，不過一見面，他就告訴我聽別人說我怎樣怎樣，批評我的教學方式不好。他一開口就滿是道聽塗說的批評，而非親身經歷，如果是過去的我，在這種情況下必然會很傷心懊惱，開始懷疑自己，打擊自己的信心。不過這一次我雖然因此而感到有些失落，但比較懊惱的是，我沒有及時回應他對我的不公正評論，而當我回去後，很快地，情緒就平復了，而不至於讓他的話打擊我，或是影響我太久。

我，不給他摧毀我的權力。

當我有選擇的能力後，我便可以將與他見面時所產生的負面情緒劃分開來，放在一邊，平靜地去思考他所講的事情，而不是被他的批評打倒。

不得不的人生 vs 有選擇的人生

I run my life on a "choose to-want to-love to" basis. I am personally accountable for what I am and what I do.

這句格言對我很有啟發性，它的反面思考就是：「我所做的都是不得不去做，我沒有其他選擇，所以我不能為我的決定負責任。因為如果我有其他選擇，我就不會這樣決定。」

在我們周圍，很多人都是以這句話的反面思考生活著：我不得不去上班、我不得不養家餬口、我不得不在週末去探訪父母、晚上我不得不回家陪老婆，不然會吵架……當你用這個字眼：「不得不」的時候，意思就是：「如果我有其他選擇，我就不會這樣做。」

作為一個女人，我不希望我的伴侶跟我在一起的原因是因為他「不得不」。我想要的是，當他晚上回家陪我時，是因為他想要跟我在一起。如果我為人父母，我不要我的孩子覺得他們是「不得不」回家來陪我；如果我是上司，我不要我的員工來工作時，是因為沒有其他選擇，所以「不得不」到我公司上班。

基本上，「have to」這個英文字，是因為覺得沒有選擇，所以即便不願意，但也無法抵抗，便「不得不」地勉強去做。當我們處於這種「不得不」的思維中，我們給了自己一個特權，那就是：我們可以找藉口、拖拖拉拉的，我們也不會用心去做，只要做基本的交代過去就好了。這種情況下，我們付出的心意是層次最低的，不是充滿喜悅與盼望，而是有點勉強，迫不得已的。

那麼，這張漣漪卡會帶給我們什麼樣的說明呢？當我遇到這種不想面對的情況，例如要去見刁難的客戶或是難搞的人時，我就會用這句話來激勵自己：「我其實可以不去開這個會，不去見這個客戶，如果做這個選擇，後果可能是我會失去這個客戶，所以當我做了這個決定後，我就要接受這個後果。如果我可以接受，那我就可以不用去了。何況當客戶這麼難搞時，失去未嘗不是好事。」因此，如果我不想失去這個客戶，我就要選擇去面對他，雖然他很難搞，但是我還是選擇了要他。我決定保留他，這個就是我的選擇，既然是我的選擇，我就要做出最好的。

當事情是你的選擇時，你就會擁有更多的能量與創意，來達到你的目標。

在「選擇」這件事情上，還有一個很重要的思考，那就是當你接受了我們無時無刻不在選擇時，你才能真的對自己的生活負責任。**即使你什麼都不做，其實這也是一種選擇。**有些人選擇以迴避的方式來面對問題，迴避，就是你的選擇。

以「我的人生，我自己決定」的主動心態，而非被動的「我的人生是由別人來影響」的心態

當我開始帶動漣漪卡活動時，我希望漣漪效應可以整個地蔓延到全世界。

我的成長背景是中西兩種文化的混合。早期在一個華人社會成長，後期接受西方教育。我從西方文化學習了一件事，那就是：自我激勵和肯定自己的正面思考。這種積極的態度在中國人的生活價值觀中並不常見，而其中最關鍵的，便是對人生的態度：你是你人生的原因，還是結果？你的人生是自己創造的呢？還是你是被生活牽著鼻子走呢？（Are you the cause of your life or are you the effect of your life？）認清這一點後，大家才會以更主動更正面的思考模式生活，不但認識自己，接受自己，更會自我肯定地去創造自己的人生。

當我開始推動漣漪卡時，大家都說我太理想主義了，但這是我的選擇，我選擇以一個樂觀的角度來看待世界，我選擇相信人性善良的一面。我不是沒有看到社會上負面觀點，我也上過別人的當，受到傷害，我也曾經有過錯誤的抉擇與失敗，可是我還是選擇以一個積極樂觀的態度來面對人生。因為當我這樣決定後，我覺得我的人生充滿了回報與可能，因此我選擇繼續這個旅途，我也鼓勵其他人如此，不過這絕非我強迫你的，因為這必須是你自己的選擇。

人生中的所有事情，其實都是自己的責任，如果你不喜歡你的工作，那麼你要對你的不喜歡負責；如果你是過重、太胖了，你也要對自己的體重負責；如果你覺得生活不快樂，這也是你的責任。你要面對這些不理想的狀況，因為當它們發生時，你有能力，也有責任要去面對它。你過重，你要面對，你不喜歡工作，你該去找份新工作，或是改變工作的現況。

你要學習去面對與改變。

不要去扮演一個犧牲者或受害者的角色，不要把過去的經驗當作藉口。如果總是

拿過去當藉口，那麼你就無法向前走，總是停在原點，沒有進步、沒有療癒，當然也就不會成功。

沒有任何問題是可以靠怪罪他人而解決，你只能靠你自己，不管人生中遇到多少的挫折或幸運，主動權還是在你手上，就看你如何去面對它。你的每個選擇，包括你的思路與想法，都會帶來不同的後果；每當你選擇做出什麼樣的行動時，你已經選擇了結果。當你選擇一個對你不好的人生伴侶時，你已經選擇了會有很多傷心與犧牲的結果。當你選擇與一個很苛刻的老闆工作時，你也已經選擇了會飽受批評卻沒有成就感的結果。如果你選擇的是一個充滿憤怒與悲傷的想法，那麼你選擇的當然就會是充滿敵意的環境。因此你的首要之務，就是要開始學習去選擇正確的行動、正確的作為、正確的思考方式。這當然要靠很多努力，不過並不難，這樣你才能達到正確的結果。

以「我的人生，我自己決定」的主動心態，選擇這樣的思考方式，是因為你相信自己的生活可以由自己來創造，反之，則是你認命的將自己交給命運決定。

害怕的選擇 vs 成長的選擇

我選擇較少人走的路。成功的人就是做那些不成功的人不願做的事。I choose to walk the road less traveled. Successful people do all the things that unsuccessful people do not want to do.

當你意識到自己每時每刻都在選擇時，你怎麼確定自己的選擇是好或不好呢？

在此有兩個方法來判斷：一個是「害怕的選擇」（Fear Choices），一個是「成長的選擇」（Growth Choices）。

舉例來說，當會議進行時，你有問題，可是卻不敢發問，因為怕與會者認為自己很笨；在工作上，我們常不會去自願做一些事情，因為擔心同事說我們在拍馬屁；有些人不敢準時下班，因為他擔心主管會覺得沒加班就是不認真；我們有時不講出自己的意見，因為擔心別人覺得自己在找麻煩；有時候我們明知道什麼是對的，卻不去做，因為擔心別人覺得自己太天真或是理想化，甚至怕別人覺得我們在找麻煩。

問問題不是笨，而是要讓別人知道我不懂，這樣別人才能解答，而自己也才會清楚。至於不懂也有很多原因，可能是對方講不清楚，也有可能是他講的跟自己想的不相同。因此提出「我不懂」，是個很成熟的方法，也是很尊重對方的事情：我尊重你說的東西，所以我想聽明白。

在做決定時，我們應該去分析這個決定的動機是減少自己的恐懼與害怕，還是可以讓我們成長，且開發自己的潛力？這就是「害怕選擇」與「成長選擇」的差異，如果人生是一系列的選擇，那麼我希望我們成長的選擇的頻率能超過害怕的選擇。不可否認，我們就是得常常面對二擇一：要成長或是要安全？是要進步還是停留原地？每一個選擇都有其優點，也有缺點。如果你選擇安全，那麼就表示你選擇停留在舒適熟悉的地方；而缺點就是你會裹足不前。如果你選擇成長，那麼就表示你要有勇氣將自己敞開，來迎接新的挑戰；而缺點就是你要面對很多未

知數，這當中也可能會遇到挫折，甚至是失敗。

去思考自己的選擇是基於害怕或是成長，其實是個很好的訓練，這可以幫助你思考自己做選擇的動機。

你可以在第六章，讀到更多如何面對恐懼的方式。

 漣漪關鍵練習
由不得不改成主動選擇

請在左欄寫下你生命中「不得不做的事」，並試著於右欄改成「選擇去做的事」，來改變你的思考方式。例如：「我不得不減肥。」改成「我選擇去瘦身，這樣才能在夏天來臨之際，展現我的美好身段。」

我不得不做的事：	我選擇去做的事：
我不得不做的事：	我選擇去做的事：
我不得不做的事：	我選擇去做的事：
我不得不做的事：	我選擇去做的事：
我不得不做的事：	我選擇去做的事：

漣漪關鍵練習
選擇區域

現在來做個選擇區域練習，在我們的生活中找出結果可以是「二擇一」的事情來，不論是對人或對事都可以。我們填下某個人或某件事使你產生負面情緒，例如你的老闆、配偶、前夫（妻）、父母，以及權力比你大的人；或是如塞車狀況，或趕不上工作進度等事件，在下面的表格填寫下它如何影響你的行為，寫出你的典型反應（請誠實作答），並且選擇一個新的方法，來回應這個人或這件事。

某人	他（她）的行為	我現在的反應	我的新反應

人，很少了解自己為什麼做這樣或那樣的選擇，也不了解「選擇」其實會影響一個人的機會與命運。

一天下午，我在上海紹興路 VIENNA 咖啡廳裡接受 MING 的教練時，我告訴她自己正面臨著工作與人際關係的挑戰，我滔滔不絕地說著很多發生在自己身上的事。

她告訴我，其實我現在需要的練習，正是釐清自己做的是「害怕的選擇」或是「成長的選擇」。當時真有如當頭棒喝，原來我一直不斷地在重複著類似的挫折和痛苦。

多年來，我並沒有真的從根本去解決原來困擾我的事情，我有一種鴕鳥心態，以為把頭埋起來，一切就會過去，因此當同樣事情再度發生時，我又受困，然後又選擇把頭埋起來。原來當我遇到這些讓我不舒服與恐懼的事情時，我所做的往往都是害怕的選擇，以調頭、逃避來處理問題，因此同樣的事情就會像夢魘一樣不斷地糾纏著我。

「害怕的選擇／成長的選擇」是一個非常簡單的訓練，但過去我認為它只是知識，可是對現在的我來說，它成為一個工具，或更像一個警訊。每當我面臨選擇的時候，我會馬上問自己，我的這個選擇是出於害怕，還是成長呢？

這個訓練在以下發生的事情中，得到驗證。

我從事美學教育工作，第一次開課時，招生並不順利，一班全滿需要15個學生，但我卻只有8個學生，即使上課時學生反應很好，但它依然讓我感到很挫敗。之後，我一直沒決定什麼時候要再開課，直到在廣東佛山的一家店打電話給我，說他們想上「卓越設計美學營」。當時，我的第一個念頭就是擔心招生人數不足，課程流產，於是我告訴她：「這個課程需要15個學生才能開班。」其實我是在給自己找臺階下。我答應她改天會寄課程簡章的電子郵件給她，不過我卻拖拖拉拉的，這件事情讓我感到很不舒服，總覺得好像掛在心上。最後，我告訴自己，如果我不想開班，當初在電話中就要清楚地告訴她：「我不開課。」既然答應了，就得去做，那時害怕和成長的選擇警訊敲了起來，因此，我決定寄出招生簡章，那時，

距離我跟她通電話大約已經過一個星期了。

距離招生截止期限，大約只剩下一個月的時間，我心裡設下一個很低的目標，就是上課人數只要比上次多一點，10個人就好。所以，我處在一種很微妙的心態下，表面是在做這件事，但底線卻是低分過關就好。這樣的想法，在考察上課地點時徹底被摧毀。我和我的主管去看教學場地，他問我預定幾個學員房間，我回答：「6間。」他馬上告訴承辦人：「改成10間。」在回上海的途中，他問我現在招生情形，我說：「只有10個人報名，而且還未收學費。」他說：「為什麼訂那麼低的標準？學生數越多越符合成本效益，請馬上打電話回公司找經銷商聯絡人，請她立即催促經銷商加緊招生。」當下，我的反應是「回公司再打電話」，可是我的主管卻馬上從口袋拿起手機，撥回公司，然後又一通通地撥給經銷商，接著告訴我：「事情要馬上做，不要等回去再做。」在車上，我坐立難安，感到非常挫折，因為害怕而做出的選擇，又再一次襲擊我，於是我決定面對，做出成長的選擇。

我努力招生，投入最大的心力去準備課程。結果，這次招生人數爆滿，超過預期，達到25個人，額滿後還有人向隅。更讓我興奮的是，這三天兩夜的培訓課程，反應熱烈，非常成功。我突然發現，跨越一個門檻，其實並沒有想像中那麼難！

現在，我常常在生活和工作中練習「選擇」這項功課，我發現，凡是我出於害怕做的選擇，心裡會有一種像侏儒一般的感覺，很不舒服，然後事情往往朝一個可以預期的負面方向發展。然而，凡是因為出於成長做的選擇，心中總會有一種期待、興奮、冒險，然後有點壓力的感覺，雖然我不能預期結果，但卻非常清楚地知道：我，正在跨越自己，排除過去的障礙，我的成長，就從這裡開始，而不是從得到想要的結果開始。

當走過去時，發現自己走在一條全新的道路上，興奮地期待著下一次的挑戰和突破。

02. Happiness

快樂

I choose to be happy. I choose not to let other people affect my mood.

我有選擇讓自己快樂的權力。我選擇不讓別人影響我的心情。

有一天，我收到一封來自陌生人的電子郵件，她是漣漪卡的愛好者，信上是這麼寫著的：

> 自從朋友向我推薦漣漪卡，我就愛上它了。今天，我的情緒很低潮，因為前陣子才剛與男友分手，不過這些卡片卻提振了我的心情。謝謝你！
>
> 我最喜愛的卡片上寫著：「I choose to be happy. I choose not to let other people affect my mood.」
>
> 我已經等不及明天去買來送人了，我相信我的朋友也會跟我一樣，喜歡上漣漪卡的。
>
> CC

信中CC所提到她最喜愛的這張漣漪卡，正巧也是漣漪網站 www.ripplecards.com 上最多人點選的卡片，這張最受歡迎的卡片，不禁讓我想到「快樂」這件事。我們每個人都想要快樂，但什麼能讓你快樂呢？你快樂嗎？又為什麼不快樂呢？活著的意義是什麼？生命的意義到底是什麼？相信我們每個人在不同人生階段，或不同經歷裡，都曾問過自己這些問題，但是，在檢視自己內心後，你得到答案了嗎？

正向心理學的能量

近年來，在心理學的領域中，有個新興名詞叫做正向心理學（positive psychology），探討正向情緒如何能使我們的生活更快樂、成功，且有意義。有研究顯示，快樂的人比較長壽；而社交上，樂觀的人比較具有吸引力、較受歡迎，人們通常喜歡親近一個感覺快樂愉悅的人；而在團體中，愉快的氣氛能讓大家更有凝聚力與創意。

正向情緒的核心價值在於：人生不會總是一帆風順，當你遇到困境、生活遭逢挫敗時，你更需要內在的這份正面能量來幫助自己走出逆境。人之所以想擁有快樂，正是因為生命中有太多悲苦，生活裡種種不愉快、不滿意、挫折或是壓力，

持續地消耗著我們的精神與意志，因此我們才更需要正向能量去提振低迷的情緒。

快樂是一種選擇

快樂，是種能讓生命豐盈的正向能量，只要你選擇去擁抱它，它其實是可以被創造出來的。

我非常早婚，但卻在29歲那年離婚。如果當年能及早明白快樂之鑰不在別人身

我選擇快樂

回首那段婚姻，我發現其實有許多方式可以將我的心引導到快樂的方向，然而卻都被我忽略了。例如有一回，我興高采烈地想煮頓晚餐，營造一個浪漫夜晚，可是充滿期待的心情卻被下午的一通電話給搗毀了。丈夫來電說：「對不起，我工作還沒做完，不能回家吃晚飯了。」我既失望又生氣，我認為都是他害我心情不好，讓我一整天都悶悶不樂。但是現在，回過頭來思考這件事情時，我發現其實還有很多選擇。

第一，我可以繼續生氣。

第二，我可以覺得失望而不煮晚餐。

第三，我可以繼續煮晚餐，一個人享受佳餚。

第四，我可以繼續煮晚餐，邀請朋友來家中作客。

第五，我可以不煮晚餐，享受私我的獨處夜晚，在音樂環伺下沉浸書中也不錯。

當你意識到原來你還擁有這麼多選擇時，你就知道「快樂」或「不快樂」，其實操之在己。

如果說當年我曾停下來做個選擇，我的情緒反應可能會跟當時的本能反應天差地別。我可能會改變想法：或許他也很想回來與我共進晚餐，只是很無奈地被老闆叫去加班，其實他心裡也很不好過。一旦我可以設身處地的從他的出發點思考時，我的負面情緒其實已消去大半了。這種情況下就該用「我的情緒好壞，掌握在當問題發生時我如何應對，而不是問題本身。」這張漣漪卡。

上，而是掌握在自己手裡，或許那段婚姻就不會讓我感到如此辛苦。當時的我將自己的不快樂歸咎在前夫身上，總認為他應該要讓我快樂，當我在等前夫讓我快樂時，一旦他沒有達到我心中的期待，我便不快樂。

現在回想起來，我犯了兩個大錯。第一，我在等別人讓我快樂；第二，我不知道怎麼去製造自己的快樂。以前我常會埋怨前夫而脫口說出：「你為什麼不可以這樣做？」「你為什麼不能體諒我？」「你為什麼不……」諸如此類的話來。但後來卻發現，自己整天都在指責別人的不是，由此才意識到「快樂」不是任何人可以給你的，而是要選擇從自己的內心去尋找快樂。

經歷了婚姻之路，我學會的第一件事是：不要去責備他人。**不要把快樂的責任放在別人身上，我們應該要對自己負責任**，不論是對自己的經歷、自己的情緒、自己的反應，我們都要自行負責。

當情緒遇上反應

人難免有生氣的時候，多少都會有沮喪、抗拒、失望、受挫等負面情緒存在，這些都是正常的情緒宣洩。現在我們談的，並不是不應該生氣，而是說，我們要能夠意識到自己接下來的反應。你可以給自己一個生氣的期限，然後告訴自己：「現在，我的氣消了，接下來該怎麼做呢？」而不是繼續不停地氣，一直氣到晚上、到明天，甚至延續一整個星期。如果我們選擇一直處於生氣的情緒中，那不就等於整個人生都是被別人影響的嗎？雖然許多外在因素是我們無法控制的，不過我們可以學會當外在因素不理想時，仍然保持心情的快樂。

情緒與反應之間，可以有兩種關係。第一種是當外在因素刺激情緒（Stimulus）後，馬上表現出反射性的反應（Reaction），結果產生負面情緒。第二種是當有外在因素後，先有意識地停下來，然後才去選擇你要表現的反應。

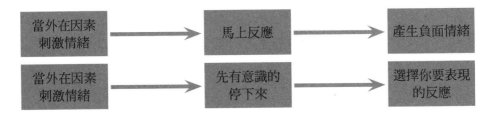

第一種反應方式很直接，情緒可以馬上獲得宣洩，感覺很爽，不過這也意味著這個人沒有自我控制的能力。當我們去評斷一個人的成熟度時，必然會觀察他是否有自我控制的能力，或者他是個被情緒所控制的人？一個有自制力、能意識到自己情緒的人，必然能夠以建設性的方式來表達不滿。

每個人都有情緒，當意識到我們要對自己的情緒負責時，那麼，該怎麼做才能使我們更快樂呢？接下來我們將一起學會如何從人生的過去、現在與未來三個層次中，去創造快樂。

如何去創造自己的快樂？
一、對過去：滿意、感恩、滿足、成就感、自豪、平靜

—— 主動感謝他人 · Appreciation ——

表達感謝之意，可以為自己製造快樂。一個親切的行為，可以引發一連串善意的回應與喜悅。不妨試著去告訴別人，你對他們的感謝是什麼，當你先釋放出自己的謝意時，你會收到更多的微笑回禮，從對方臉上泛起的微笑，會像漣漪一般，一圈又一圈地擴散回你的心底，能令人真心地快樂起來。這也就是我為什麼總是隨身攜帶著漣漪感謝卡（RippleThanks）的原因，它就像一個工具，一個為我傳達謝意的小禮物。

比方說在餐廳用餐時，當你覺得東西很好，或是服務生態度很好時，你可以寫張紙條傳達你的感謝，例如我就會送張漣漪謝卡給服務員，上面寫著：「我非常珍惜你用心的服務，因為剛才我要一杯熱水，你送來一茶壺的熱水，真的非常感謝。」當我主動去表示感謝時，不僅對方感到愉快，自己也會因為看見對方善良且美好的回應，而覺得今天很快樂。

假設你是公司的經理人，你會不會時常向員工表達感激之意呢？或是主動謝謝某個人的貢獻呢？我最常遇到的情況是，在職場中我們習慣將別人的付出視為理所當然的，老闆常常會認為：「你來上班，我已經付你薪水了，又何必說謝謝呢？」然而，有時可能僅僅只是簡單的一句話，卻能讓員工感受到老闆對自己的珍惜，而帶出更好的工作效能。

舉手之勞的感謝

還記得前幾年我剛來到臺北時,需要買一個手機的 SIM 卡,一出飯店就伸手招了部計程車,並請司機在通訊行附近先靠邊暫停。我走進店裡,結果店員說因為我是個外籍人士,必須要有護照才能買,不像香港,隨時都可以買手機 SIM 卡,也不需要登記使用者資料。可是很不巧的是,當天我沒帶護照出門,因此我難掩失望地回到計程車上。

「我沒辦法買,因為他們說要我拿護照來才行,不過我還是要謝謝你幫我帶路。」我這樣對司機先生說。

「這樣吧,我進去幫你登記。」他轉過頭看著我說。

「你怎麼相信我啊,萬一我是個壞人怎麼辦。」

「只是順手之勞,而且你的樣子不像是壞人,看到你這麼失望我也感覺不舒服。」結果,計程車司機就真的進去用他的名字登記幫我買 SIM 卡。

對這位司機先生來說,或許只是一個舉手之勞,我可以只對他道聲謝,但是我想給他點表示感謝的東西,於是我當下寫了一張漣漪謝卡送他。對我而言,要製造快樂,就是要主動積極地去告訴別人,你非常珍惜他所做的事情,這樣做的時候我自己也會感覺很高興。

──心存感恩・Gratitude──

懂得感恩的人,對生活的滿意度指數比較高,因為他能看到過往生活中曾存在的美好。你曾經寫過自己的感謝名單嗎?這個星期我想感謝的是什麼?這一年來或對於這個人生,我所感恩的又是什麼?或許有些人會覺得這樣做很肉麻,可是卻真的能為你製造快樂,並溫暖你的心。

每天三個感恩(Three blessings exercise):寫下或想起讓你感恩的人、事、物,這是個很好的練習,它可以讓你再次回憶生命中曾擁有的美好。例如我今天的感恩是:

1.今天早上喝到一杯好茶,感謝能擁有如此美好的開始。

2.在今天的訓練工作中,幫一個人解開他心中的一個大結。

3.在下班的路上經過一排的桂花樹，桂花香總是讓我心情特別開心。

花點時間試著去建立感恩的習慣，在你每晚睡前、每個週末、每逢月底，或甚至每至歲末年終之際，對自己做個回顧，回想這段時間以來讓你感恩的事。尤其是當你心情不好，或者遇到挫折的時候，你更應該要讓自己知道：「我，今天感覺很好，我對什麼什麼感到非常滿意……」你會發現，當你常常這麼做時，你愈能感受到生命中積極的動力。

雖然我自己並沒有定期這麼做，不過當我心情低落或遇到挫折時，就會讓自己坐下來，拿出一張白紙，開始寫下我的感謝名單，每每寫到最後，我發現自己陰鬱的心情早已放晴。我最常寫的內容是：**我感謝我的每一個前男友，雖然感情走到最後，以分手收場，可是他們每一個人都帶給我不一樣的生命經歷。**

有一天，我在整理房間的CD，隨著飄起的旋律聲，墜入記憶的音軌，突然想起這張CD原來是當年那個男朋友介紹我聽的，再想到現在的其他嗜好，又是另一位朋友帶給我的。在我的生命中，正因為這些人為我的生活增添許多美好元素，才能融合成現在的這個我。當心存感恩時，你會覺得其實生命很富足，因為你早已擁有許多的美好。

—— 學習寬恕原諒 · Forgiveness ——

無法原諒，是阻礙我們快樂的根源之一，因為放不下，心便有所障礙，心中負面的思想，既粗糙又沉重，不僅阻礙你生命力的流暢，也刮傷你柔軟的心靈。

我們不難發現，幾乎每個宗教思想都會教導人要學習原諒，以尋求內心的祥和與平靜。前南非總統曼德拉曾說過：「**你不能夠用『拒絕原諒』去傷害那些加害於你的人，但是你可以用『寬恕』去讓自己解脫。**」曼德拉一生曾經歷漫長的監獄生活，但他在當選南非總統之後，對當年以監獄禁錮其政治理想的壓迫者，非但不記仇，反而選擇寬恕，和平共處，並領導著黑人與白人和平融合的社會，一起創造新南非。

原諒或不原諒，只是一念之間，當你學會原諒的同時，心中就已經卸下了很多負面的包袱了。卻偏偏有很多人都無法做到原諒，一直記著對方的不好，然而對方卻根本不知道他傷害了你，他或許還興高采烈地生活著，只有你這些年來還一直

耿耿於懷,心中像抱著石頭般,年復一年的任石頭愈變愈重,在心上壓出的窟窿日益凹陷。就像許多分手的情侶,如果你仍無法釋懷去原諒對方,多半是因為你覺得自己被對方傷得很重,你不斷地在拉扯那個傷口。不過現實是很無情的,對方並不會因此而感到難過,反而繼續過新生活、交新女友,甚至或許早已成家了,因為他將那段戀情當成過去式,只有你還傻傻地倚著傷帶著痛過生活。

不爭的事實是,在每一段男女關係的互動中,難免都有傷害,不然怎麼會分手呢?分手一定是有些不好的因素存在,那麼,你是否有能力只把注意力放在兩人互動過程中好的部分,而不好的就讓它隨風而逝了呢?或許對方並不是真的有心傷害你,可能對當時的他來說,他認為分手是唯一的選擇。不過,就我個人來說,與其說從分手去學習原諒,倒不如說是以心存感激來看待過往情感。

二、對未來:樂觀、希望、充滿信任

——培養樂觀心態．Optimism and hope ——

一個快樂的人,對未來總是比較樂觀,他會覺得事情是有希望的,問題是可以解決的。即使遇到低潮,尤其是面臨工作挑戰時,他會有良好的抗壓性去面對一切,因為他的心態是:「事情總有解決的方法,只是我還沒找到。事情一定有答案,只是我還沒找到。」也就是說,當個樂觀的人,能夠面對低潮、面對挑戰,而且健康狀況顯然較好。

你的樂觀指數有多少?有興趣的人不妨到網站www.authentichappiness.org去做個測驗,網站裡有個工具可以測驗看看自己的樂觀程度,如果發現自己傾向悲觀,如何改當個樂觀人?只要你改變自己的思維方式就行了,在第八章裡會教你練習如何從認知你的思維方式,到以自我對話和自我肯定去改變悲觀思維,幫助你讓心境變得更開闊且樂觀。

人的思維是可以被改變的。思維方式不是天生的,而是種習慣,它就像每個人所戴的眼鏡,你透過你戴的眼鏡來認知這個世界。如果你習慣於悲觀的思維方式,那麼你當然會覺得鏡片外的世界是黑暗的,只要你願意去換副眼鏡,改變思維方

式，世界也相對會呈現出光明的一面。試想，一個生性悲觀的人，視線所及盡是陰暗，那麼心情怎麼會好呢？想要改變，就要清楚地告訴自己，要養成習慣去往好的一面思考，我們每個人都有這個改變能力。

事實上，我們所看到的東西是否是真實的呢？那只是隨個人的認知去感受而得到的結果，同樣一件事情，你覺得悲慘不幸，但另一個人或許會認為處處有生機。就好像我們在處理男女分手時，你可以選擇以晦暗、仇恨、傷害的方式，但你也可以選擇從另一個角度去看，懂得製造快樂的人就會選擇「雖然我知道故事至此有些晦暗，但是我懂得去欣賞其中美好的另一面。」

要學習創造快樂，很重要的一點就是：我要懂得選擇怎麼看。

我選擇去看的、去在意的、去想的事情，都是好的面向，其他的就不多想，這樣才能將自己正面的能量帶進來。

三、對現在：高興、欣喜、平靜、熱情、愉快、滿足感

—— 細細品嘗美好的當下 · Savour the moment ——

細細品嘗，能使知覺益發敏銳，你所感受到的愉悅經驗，仿佛以心掌鏡按下快門，記錄當下的美好時刻，編寫生命活著的喜悅。

生命稍縱即逝，你是否懂得享受生活中每一時刻？是否把注意力放在當下？就好像你現在坐在這兒，你有沒有去珍惜這段時間？還是說腦中想著要趕快處理掉眼前這個工作，因為等一下中午要開會、下午兩點要赴個客戶的約……。問問現在此刻的你，有沒有把整個人放在此時此刻，還是一心二用三用的想其他計畫？

我是個行事很匆忙的人，以前在大企業裡工作時，每天的精神都是要衝啊衝的，腦子裡不斷要想很多東西，常常在喝下午茶時想著待會兒要做的事，吃飯時就邊打電腦邊看文章，還不忘想著吃完飯後要做些什麼東西，真是個標準的一刻不得閒的人。我不知道什麼是放鬆。有一次我去做足部按摩，按摩師叫我要放鬆，我說：「有啊，剛才我都已經睡著了。」結果按摩師就說：「你人是睡覺了，可腳並沒有放鬆。」所以我知道這就是自己還需要修練的地方。有時候我們要有意識在必要時，讓自己放鬆下來，告訴自己：「好，我現在就只做這個東西。」

活在當下的修練

學習怎麼活在當下這點對我來說，是很大的挑戰，至今仍是我的個人修練。

記得在2002年的中秋節，我與朋友去西藏神山（Kailash Mountain），那裡海拔很高而且冷得要命。有一晚我們吃完飯剛從餐廳走出來，刺骨的寒風迎面襲來，實在凍得受不了，我哪裡也不想去，一心只想趕緊回到宿舍取暖。

就在我往回跑到一半時，我的朋友拉住我，說：「等等等等，你看現在的天空多麼漂亮。」我心裡想：「什麼漂亮，我冷得要命，只想回去。」「你看看，抬頭看天上那些星星多麼漂亮啊！」他說。

果然，天空一道美麗銀河，滿天密密麻麻的星星像鑲鑽般的明亮，由於地理位置很高、空氣又清新，就感覺好像伸手即可摘星。原本我可能會錯失欣賞這美景的，但我的朋友卻會說：「停下來，我們享受一下。」即使身體冷得發抖，但當時所看到天空之美卻是一輩子難忘的景色，直至今日只要一回想起那一刻，記憶就會帶我進入當時的畫面。

在那趟西藏之旅中，我們本來是一輛車坐三個人外加一個司機，可是有一天，導遊的車壞了，而不巧的是其他人都先走了，我們只好讓導遊坐我們的車。那個時候我就很不高興，心裡嘀咕著為什麼要跟他擠在一起呢？我的想法很負面，車行了一個小時，我還是在負面情緒裡。我的朋友卻開始跟導遊聊天，問了許多有關西藏文化與風俗民情的事情，原本不愉快的情況，卻因為他們的談話而變得很愉快。在接下來車程中，我發現自己也被那個導遊所講的事情給逗笑了，慢慢地，我也投入在那個氣氛裡面。

事後，我的朋友告訴我：「既然已經發生了，那要怎麼把情況變成積極的、高興的、快樂的呢？」接著又說：「我不只想製造自己快樂，我還要幫他製造快樂，難道你沒有想過他的感受嗎？他可能也感覺到我們每個人都不想要跟他擠。」我是真的沒有想到他的感受，我只想到自己不高興，反而是我的朋友將那個當下扭轉成一個正面的愉快氣氛。並不是每個人都能像他那樣主動去製造快樂，所以我們需要學習活在當下，尤其是我。

來做個實驗，將一顆葡萄乾放在嘴裡不要馬上吞下去，吃兩分鐘，先輕咬著感覺葡萄乾的皮，咬破皮後嘗嘗裡面果肉的滋味，現在味道是在你舌尖還是舌後？最後吞下的感覺又如何？我們有時候吃東西只會嚼個兩下就吞進肚裡，沒有完全去嘗到食物的質感與味道。當你認真地吃時，你會發現自己正在體驗吃的感受，比平時所感覺到的美味還要多上幾倍。一旦你真正地活在當下，你會發現自己突然在那個時刻體驗到更多的訊息，而不是匆匆略過。

—— 神馳 · Flow and absorption ——

讓自己有機會在工作或生活中進入忘我、專注的狀況，心無旁騖地完全忘了時間，當你全心全意去做一件事時，不僅是製造自己的滿足感，也是一種活在當下的情況。

我很欣賞藝術家全神投入創作的能力，當他一進入忘我境界時，創意的能量會一直延續下去，常常只想專心的完成創作，連吃飯或其他事情都忘了。我們是不是也能真正投入地去做一件事，還是時常做了一半就看手錶？以前我常被工作上的截稿時間追著跑，從來沒完全讓自己放鬆過，後來通過做陶瓷，才領略到投入感所帶來的快樂，當我在捏陶時，常會失去時間意識，而就在進入當下的專心時，體驗到從所未有的自我滿足感。如果你在工作中擁有 Flow 的狀態，那恭喜你，因為你能夠從工作中得到滿足感。

—— 保持覺知 · Mindfulness ——

活在保持覺知的狀態，藉由注意當下的狀況，在你的生活裡去製造更多值得關注的每一刻。這一點跟「活在當下」很類似，也就是佛教裡常提到的正念禪修，在日常生活裡以正念去覺察當下的存在狀態。正念讓我們關注於現下的時刻，而不去想到未來會發生的事，也不憂慮其他東西。

保持覺知是可以練習的。我們要知道，過去就已經是過去式，已經發生的事情並無法改變，而未來尚未來臨，所以我們只能注意的只有現在。

當下（here and now），才是你存在的所在。

感覺與世界的連結

我練過瑜珈，但靜坐這部分我一直辦不到，因為心裡總會一直想東想西的，所以從未成功過。可是有一回，我在美國一處很有靈氣的地方（Sedona, Arizona），感受到奇妙的冥想體驗。

那天，端坐在漂亮的紅色大石頭上，閉上雙眼，突然間，我感受著太陽曬到肌膚熱熱的感覺，聽見微風吹拂的聲音，以及遠方有架小型飛機在藍天上飛的聲音……

感悟於宇宙存在很多不同的資源與訊息，只是被我們在生活中不經意地就過濾掉許多，很多時候我們只是聽，卻沒有聽到聲音後面的東西。

那天的冥想訓練，我是否算是成功？我不知道，但那天我確實感覺到很多東西，所有感官都變得非常敏感，能夠真正去感覺陽光、涼風，以及大自然的一切，讓我感覺自己想寫首詩了。當生活中出現這種小小的美妙時刻，你會因心情變好而整個人更有活力，因為你正在製造自己的快樂，你會感覺自己與這世界是有連結的。

全神貫注是指完全忘掉其他事，只專心在當下所投入的那一件事情裡。正念則是指覺知內心的發現，注意發生在周遭的每一分鐘。在瑜珈裡，覺知就是要你去注意現在的情況，去見證現在這一刻所發生、所感受的東西。例如呼吸，你知道現在自己的呼吸是怎樣？呼吸時的肚子是凸出來，還是凹進去？我在練瑜珈時，老師最常要求我的是：要放鬆臉、放鬆關節、放鬆嘴。我根本沒意識到自己是咬著牙齒、處在一個緊繃狀況下做瑜珈動作。唯有保持覺察的心，你才容易感覺到平時老是被忽略的東西，練瑜珈能幫你提高這方面覺知能力。

—— 做個悅日人‧Daymaker ——

悅日人是通過為他人製造快樂來創造自己的快樂。悅日人的概念並非無私，而是自利的，其主要意圖是：我想創造自己的快樂。在做法上則是通過諸如：給你一句讚美的話，或者送朵小花或卡片，得到你的快樂笑容，我也就因而感到快樂。只要去在意每一天你所遇到的人，不論是認識的人或陌生人，付出你的一點小小

心意，讓他們覺得有受人重視的感覺，因而覺得自己很重要、很聰明、很美麗，或是很獨特。

當你有意識地去幫別人製造快樂時，相對的，也能使自己快樂、讓自己滿足，更能讓世界更美好。想認識更多關於悅日人的訊息，可以上 www.daymakermovement.com 網站。

我從臺灣的一個案主的企業理念中，認識到悅日人這個概念。這個公司裡每位員工都是悅日人，因為他們每個人的工作都是要製造快樂，讓顧客從進來到出去都感覺快樂。有一天我收到一封來自悅日人的信，與我分享一個感人的故事：「我想與你分享一個動人的時刻，一個悅日人以漣漪卡創造出來的感動。有天，一位 VIP 客人來到店裡，我們有位悅日人 Will 聽說這位客人患了癌症，正在接受化學治療，於是 Will 就在店裡送了張漣漪卡給她，希望她感覺快樂。接著 Will 更進一步聯絡公司，看看是否還能為這位客人做些什麼，於是我們決定將蠟燭、盆栽、一套漣漪卡以及我們的關懷心意，當成禮物送到她家去。這位客人收到禮物後，特地打電話來跟 Will 謝謝，她很感動地落淚說：『這是我今年收到的第一個禮物。很感謝你們。』」雖然看起來是這群悅日人特地去做了一些事情來讓她快樂，但是對悅日人來說，自身所得到的快樂與感動也是同等的豐富。當你懂得這樣去做時，你會發覺自己正在創造令人我都感動的時刻。

我住在香港，一個人人都感覺是個匆忙冷漠的城市。香港人不是不禮貌，只是冷漠，每個人認為只要把事情做好就行了，人與人之間互動十分冷漠。可是我無法認同人生為什麼要這樣過，每天平平淡淡，沒有激情亦無感動，直到我開始做漣漪卡的工作時，我才真正體會到，原來生活確實是需要有感動的心情，而且還是要自己先付出。我的生活中不是沒有感動的存在，只是當時的我不知道怎麼去創造這種心情，如今，我能很主動地去稱讚別人、能用心去肯定某個人，看見對方高興的神情，快樂感就好似漣漪，又蕩回到我心田。於是，我為自己創造出許多感人的時刻。這是我學會創造自我滿足感以及幸福感的方式。

讓工作成為一種使命（Calling）

前面告訴你如何創造自己的快樂，是比較屬於心靈的轉變與修養。現在談的這點屬於現實面，相信對很多人來說這是個很大的挑戰。

工作，是人生很重要的部分，人對於社會的貢獻通常是通過他的工作。你怎麼看待你的工作？視它為一份差事，一個職業，還是一種使命？

差事（job）是指，工作只為了那份薪水，心並不在那個工作上，對於工作，你只在意金錢收入，並沒有想過還要有其他收穫。職業（career）是指，在工作中有更多的個人投資，通過追求金錢與成就，來得到個人滿足感。使命（calling）是指，自己就是注定要做這個事情，薪水多寡反而不重要，例如有些舞蹈家、藝術家會為藝術犧牲奉獻；德蕾莎修女的使命是去幫助那些沒人願意幫助的窮人；或者如我，覺得自己現在推行漣漪卡，是上天注定要我做的事。當你覺得自己做的事是使命時，你不會計較時間與付出，因為在做的過程就已經是種滿足。

我曾經只把工作當作工作，然後埋怨為什麼要做得這麼痛苦，而我今天會選擇在企業裡做教練（Executive Coach），是因為我覺得自己的學習能幫助這些經理人調整心態。一個人能不能從工作中找到意義，其實只是心態的轉變。我的使命是希望能幫助人去明白：「只要你願意改變，只要你對自己有期望，你是有方法可以去達成的。」如果你希望找尋更高層次的快樂，就一定要研究「工作對你的意義」。你的心態，能決定你現在從事的工作是差事還是使命。你可以選擇離開職場，給自己一段時間去尋找自己，去思考人生；或是選擇轉職，找到更適合自己的工作環境，善用自己的長處，使自己對社會的貢獻更有意義；你也可以選擇待在原職務，從其他角度去看待這份工作的更高層次意義，以增加自我滿足感。

我在做教練的工作時，常會接觸很多類型的經理人，比較快樂且滿足的經理人大部分時候都能從工作中找到意義，不管工作環境會變好或變壞，他覺得有他自己的使命，所以這些人通常也較容易對生命感到滿足。如果有經理人的心態只停留在這是一個好差事，或是一項事業，他們只為追求下一個更高更棒的職位，看公司能給多少年薪或享有哪些福利，像這些徘徊在差事與職業之間的人，所能得到的滿足感則有限。

我在香港有一個客戶，在他的公司員工餐廳裡有位服務員，我非常敬佩他。他對我說：「我在這間公司地位不算高，只是一個餐廳服務員，可是我知道我為什麼要做這份工作。在這份工作裡，我有個使命：要讓每一位進來用餐的人覺得享受到五星級的服務。所以做事我從來不馬虎。」雖然他在公司是個低階員工，可是在他住的社區內，他擔任社區管理委員的主席，幫助社區變得更好。他從未把自己定位在整天只能端菜、服務客人的服務員，而是從工作中找到他自己的使命。因此，心態上若能找到工作中你存在的意義是什麼，其實人生也相對會過得很愉快、很滿足。

CASE
工作與生活意義的結合 Work-Life Integration

有位在台北的學員，我認識她的時候，她正在策劃離開她的工作，一份做得不錯、但感覺上已經沒有意義的工作。公司要提拔她，派她到香港工作，她不要。給她更大更有挑戰的工作，她不要。日復一日做同樣的工作，面對同樣的挑戰，她說沒意義。我問她想做什麼，她講不出來，也沒勇氣放下一切，去尋找自己想要的是什麼。既然她還沒勇氣放下目前所擁有的，那我們不如嘗試在現在擁有的方面做些改變，增加一些情趣及樂趣。她的工作性質是網絡服務，工作以外她的生活很有創意，她喜歡藝文，最感興趣的是藝術推廣。她嘗試把自己的生活興趣與工作結合起來。

這麼一做，她感到工作有意義了，讓她重新找到對工作的熱忱。工作和創意生活不再把她撕裂，讓她兩邊都得到滿足，兩邊都能充分發揮。

有時候我們非得要離開現在的崗位才能找到工作的意義。如果你有能力離開目前的舒適區，去追尋新的人生，這當然是很好的方式。如果目前無法離開，不妨嘗試從你所擁有的開始做些改變。可能會因此而重新愛上你所擁有的！

尋找自我的路

曾經為了尋找人生的意義，我辭掉大公司的工作，自我放逐出走，去尋找屬於自己的路。後來我選擇走上藝術之路，開陶瓷工作室，捏了將近兩年的陶，雖然最終完成的陶瓷作品很少，卻在追尋自我的過程中獲益良多。

在捏陶過程裡，我體認到每一個人都不完美，每一個人都有他的特質，就好像每一塊泥都有它不一樣的特性。重點在於，你能不能找到適合的方法來凸顯這塊泥的特質？能否配合泥的特質塑造出最適合它的形狀？以前的我控制欲很強，而透過捏陶理解到，其實我們的工作不是要把你捏製成我心目中的你，而是要善用你的特質，替這份工作貢獻出最好的力量。

此外，我還體驗到一種全神貫注的快樂感（in the flow），更嘗到什麼叫「失敗為成功之母」。我以前的人生讓我覺得自己不能夠失敗、不能夠出錯。可是捏陶過程中，每一個步驟都可能會出錯。例如，當你依設計圖塑一個形狀出來，第一次進窯燒時，它可能已經變形了；或是當你第一次燒好陶，上完釉彩，再第二次進窯燒時，出來的釉彩成品可能與想像的完全不同，這就是我為何沒有很多陶瓷作品的原因。這一切可能出錯的過程，建立起自己面對失敗時，將失敗當作一種嘗試，這樣心中就不那麼害怕了。

在這段沉浸陶藝與自我追尋的時間裡，我學到很多對人生、對人、對事的方法，這段經歷使我找到自己的方向，我決定做教練，幫助人表現出最真實最好的自己。

漣漪關鍵練習
如何去製造工作與個人的滿足感？

1. 首先要了解自己。你要認識自己人格特質的長處（signature strengths）是什麼？才華天分（talents and ability）是什麼？

2. 然後製造機會去利用你的長處。這樣在人生中就會感到滿足。

3. 如果你在工作上應用到的全是你的弱點，這份工作想必為你帶來很大的壓力，你會做得很辛苦。如果工作中無法發揮自己，你能不能在個人生活中找到能夠發揮自己優點的嗜好？或去當名義工？發揮自己的優點很重要，找到生命的認同感，生活才會平衡。

4. 如果你是老闆，用人時要任用他的長處與天分（strengths-based approach）。身為主管，你能不能在目標限制下，多給一些空間讓你的員工發揮他的長處？

5. 如果你是家長，你的工作就是要幫助孩子認識他自己的獨特優點，強化他這個獨特的優點，肯定他的天分，而不是一直告訴他不好的地方與錯誤的地方。

這裡有一點很重要，一個人的滿足是在於他能發揮到他的天分與優點。假如我向來對數字就不夠敏感，逼自己去做一份整天要面對數字的工作，無疑是拿我的弱點，去消耗我的精力，自然也不會有滿足感。

延伸閱讀

《真實的快樂》Authentic Happiness

作者：馬汀・塞利格曼博士 Martin E. P. Seligman, Ph. D.

出版：遠流（2003年08月05日）

本書作者認為要達到真實快樂的境界有三個層次，就是要看你對過去、未來、現在的態度。如果你要去看一個人是否快樂與幸福，可以從以下這幾個方式去看。作者將生活分成三種：

愉悅的生活（pleasant life）是很舒服的生活，帶有很強的感官和情緒上的成分。

美好的生活（good life）是應用你的長處來得到真實的滿足感；例如，你很會寫作，作家這個工作善用到你個人長處，不但帶給你滿足感，其實也相對能帶給你地位與薪水。

有意義的生活（meaningful life）是過個有意義的人生，你善用自己優點時不是為謀個人利益，而是超越小我範圍在為整個世界或是大我。同樣是善用個人長處，可是這裡的貢獻卻是超越自己，例如，這個作家帶動了一些社會的改變，他將長處用在改善他的家、改善他的家人、改善他的社區或學校教會等，已經超越自己的範圍。

我為什麼會推薦這本書？

原因一：正向心理學（positive psychology），是心理學裡面一個新課題。將這本書翻譯成中文的洪蘭教授在她的譯者序裡提到：「這本書對中國人特別有用，因為我們是個憂鬱的民族，我們不敢讓自己快樂。」這本書鼓勵你找出你的長處，做你想做的事，用自己的標準才真正能體會生命的美好。這本書告訴你，快樂是自己的選擇，大同世界就從自己身邊做起。

原因二：我是個實踐派的人。我覺得書裡頭的東西能夠提供很多生活當中的資源，是本很實用的人生工具書。它不會距離很遠讓你感覺自己做不到，它讓你容易去理解這些東西。例如它在工作上或生活中很具體地指出你可以如何做，你不需要逃離你目前的生活，而是說在目前的生活中你該怎麼找到方法。

原因三：此書作者塞利格曼博士正是我在賓州大學（University of Pennsylvania）正向心理學碩士班的指導老師！

03. Accountability

對自己負責

I know what I need to be complete and happy. I also know what I am willing to let go in order to achieve this.

我知道我要的是圓滿快樂的生活。我也知道為了要擁有這圓滿快樂的生活，我該放下什麼。

I run my life on a "choose to-want to-love to" basis. I'm personally accountable for what I am and what I do.

我以「我選擇／我想要／我熱愛」的方式生活。我對做一個真實的我和我的行為，完全自行負責。

I am in control of my wealth. Money is energy. How much I have depends on how much energy I generate in my life.

我的財富掌握在我手裡。金錢是一種能量。擁有多少取決於我自身能產生多少能量。

記得我第一次用到「accountability」這個英文單字時，是在我剛剛進人力資源部門要為公司招聘具有「accountability」能力的人才。一開始我有些不解使用這個詞彙意義何在？關於責任的常見用字有「role」任務、「responsibility」責任、「duty」職責，而在中國傳統文化強調的是，要對別人、對社會、對老闆，以及對自己的角色負責。「負責任」這三個字帶有無形壓力與沉重義務，甚至還有「你扛下責任就得負責到底」的意思在內。反而是「對自己負責」這個較不具壓力的概念比較不為人所重視。

什麼是對自己負責？
我對自己的行為、自己的決定、自己的人生負責。
我知道自己想要的、需要的是什麼，來讓自己感覺滿足和快樂。我不讓別人的期望，來為我的人生做決定。
我承擔因為自己的選擇所帶來的後果。

很多人自認為是個「負責任」的人，為了家計生活，畢業後找工作賺錢。這固然是一種負責，可是「對自己負責」有更深的意義，意指對於個人的成功、失敗，以及目前生活中面對的問題，你都要負起責任，因為現在的你會有今天這結果是過去的你下決定所造就的。這個世界所發生的事情，皆肇因於我們行動的結果。作為一個對自己負責的人，他不只會對自己所做的選擇負責，也會對自己不做的選擇負責任。畢竟，到頭來他都得承擔任何導致今天局面的後果，因此他不找藉口、不攀關係、不怪罪任何人，更不視自己是一個犧牲者、受害者。

在教練的工作中，我常會從以下的觀點來看待為自己負責這件事：
我在這件事裡扮演什麼角色？
我對這件事情的貢獻是什麼？
如果我採取不一樣的行動，結果是否就會不同？
我現在還有哪些選擇？

如何做對的選擇

我訪問了兩位朋友，題目是「如何做對的選擇」。一位是去年從美國回來的中國人，她大學念的是阿拉伯文，在美國念完書後加入華爾街投資銀行，工作得很成功。有一天她決定辭職到MIT讀MBA，想學好商業管理然後去從事她的最愛——中國民間藝術。她說了這麼一句話："I don't want work life balance. I want my work to be my life." 另外一位朋友，她的故事也是很曲折。人生中她做了許多選擇，從小就知道自己喜歡平面設計，大學時說服了爸爸讓她念設計，進入設計行業，在世界各國工作。有一天她決定做新的東西。她到紐約進修animation課程，進入一家動畫公司工作，從創意轉到管理，她都很享受。5年前，她決定到上海生活，現在做的是公關及溝通的工作。她做選擇的衡量標準是1）憑直覺，2）不想以後後悔沒做這個選擇。

我問這兩位朋友：「有沒有對自己的選擇後悔？有沒有回頭時覺得做錯了決定？」她們異口同聲的回答「沒有」。怎麼可能？每一個選擇都是開啟一扇新的門，即使結果不是自己想像的，但我們絕對沒有損失，反而是增加了閱歷、經驗。每一段經歷都是一種收穫，讓我們更認識自己，鍛練自己的能力，把自己的潛力挖掘出來。她們兩人在各自的旅途中不斷的嘗試，磨練自己，慢慢的把自己的優勢與熱愛的生活，結合起來。

你是怎麼做對的選擇呢？你認為有對或錯的選擇嗎？做決定時你顧慮什麼？有些人的困擾在「做決定」，有些人是不知事後如何面對自己做的選擇。我邀請大家參與這個話題，分享你的看法、困惑、成功。讓我們大家一起學習。

在上海舉行的漣漪課堂中，一位年齡大概三十多歲的男士問我：「如果我將要做的選擇，會推翻我之前做過的一個選擇，我該這樣做嗎？」

我問他：「為什麼不該這樣做呢？」

「這意味著我上一次的決定是錯誤的。」

我繼續問：「這為什麼是個問題呢？」

「必須承認自己過去的錯誤，那不是沒面子嗎？」

我開始理解他的問題了：「你的意思是，為了避免面對自己以前錯誤的決定，我們可否就將錯就錯？」

按照他的推理，如果我選擇進入某個行業做事，過了幾年，發覺自己的天分、興趣或能力不適合這個行業，我是否應該考慮離開這個行業？選擇離開意味著我必須面對自己之前做的決定是錯誤的，而且已投資了這麼多年的時間，從頭開始不划算吧。可是不離開，我會一直痛苦下去。兩個選擇好像都不太理想。

另一位讀者問我：如果婚姻不美滿，但是為了孩子，不能夠離婚，可是我非常不快樂。我該怎麼做？

大家的問題都圍繞在一個點：如何知道自己做的選擇是對的。我總結出四大問題，是大多數人在做決定時面對的掙扎：

1.什麼是對的選擇？

2.什麼阻礙我們做決定？

3.如果選錯了怎麼辦？

4.不知道自己要什麼？

沒有對的選擇，只有不同的選擇

「我做過哪些錯的選擇？」我想了半天還想不出來。怎麼可能沒有錯誤的選擇呢？再想一想，終於想到一些東西了。上個星期我與美國那邊的客戶談好一樁生意，必須馬上匯錢過來。我當時只想到最快的方式是匯到我 paypal 戶口，而不是銀行戶口。隔天查了 paypal 帳戶，發覺 paypal 的手續費很高，讓我白白損失了很多錢。這算是個錯誤的決定嗎？基於我當時所擁有的知識，我做了一個選擇，而結果與預期的不符合。如果沒有做那個決定，我就不會知道哪種匯款方式更划算。因為做了那個選擇，我的知識增加了。你可能覺得這是小事，更關心的是婚姻、事業、深造等人生大事。那我們用個婚姻的案例吧。我22歲結婚，28歲離婚，但是我不認為當初結婚是個錯誤的選擇。沒經歷過那段婚姻，我今天不會有足夠的智慧來判斷什麼樣的男人適合我。沒經歷過離婚，我不會有今天處理兩性關係感情糾紛的自信及能力。如果從頭再來一次，我還是會走同樣的路，結婚與離婚都是對的決定。

只要從過去的選擇積累經驗，更認識自己，了解自己的長短處，沒有什麼是錯誤的選擇。每一個選擇會打開不同的門，展開不同的道路，不同的學習。

通常把自己弄得很痛苦的原因是，我們希望自己不犯錯。有兩種方法可以不犯錯：（一）不做選擇（二）如果真的犯了錯，不面對而是迴避，好像一隻把頭埋在沙裡的鴕鳥。這兩種都不是最佳的方法。不經一事不長一智，沒有錯的選擇。只有通過不斷的選擇與做決定，我們才能逐漸認識自己，建立信心，讓我們的判斷力（其實就是對未來的預測力）越來越準確，讓我們的選擇與我們個人的需要吻合，而不是去迎合別人的期望。

沒有後悔，沒有損失（No regret, No lose）
做選擇時我們最害怕的是什麼？
怕失敗，會有損失、
怕無法承擔風險、
怕沒面子、
怕會增加機會成本（opportunity cost），也就是失去做另外一個選擇的機會。
我很喜歡的一個英文網站www.edge.org定期向經過篩選的150位世界級的專業人士及意見領袖提問大問題。其中一個問題就是「你改變了什麼主張？為什麼？」（What have you changed your mind about? Why?）這些人能夠坦然的放下自己的面子，老老實實的回答自己以前堅信的某某東西是錯誤的。經過驗證，他們現在得出不同的見解，改變了想法。令我感動的是他們的積極態度，是誠心誠意的接納了新的思想與觀點。
為什麼那麼多人喜歡把自己放置在一個完美的標準，把自己當作聖人，不能犯錯，不能改變主見，不能脆弱，必須呈現完美的自己？智慧就是有改變能力，可以面對自己以前的錯誤。其實說穿了就是害怕：決定前與決定後的害怕。決定前，我們怕失敗，怕損失，怕選錯，怕不能堅持。決定後，如果結果與自己預期的不吻合，我們會後悔，會怕沒面子，會怕別人怎麼看而不敢更正，會因為怕而不再嘗試，不再冒險。後悔（regret）就是放不下過去。其實懂得面對就不會有那麼多後悔。寬恕自己是一種面對的方式。接受自己以前做的選擇，接受自己的不完美，接受自己只能夠依據當時具有的知識及智慧作出判斷。怕選錯或怕後悔而不做決定，是一種以畏懼為導向的人生。請問這是你想過的人生嗎？人生的路

途就是不斷的學習,做決定就是實踐自己的判斷能力。

有人問我:「決定如果錯了,造成遺憾怎麼辦?」
我的回答是:「到時再說吧!還沒做就擔心遺憾,未免言之過早吧!」
遺憾每個人都有,但不要陷入在遺憾,停留在過去。對沒做過的事,可以有遺憾;對做過的事,絕不要遺憾。學到經驗,學到教訓,怎麼會遺憾呢,怎麼會是損失呢?這樣才是一個積極的態度,讓你過一個真實完美的生命。

It is not the things you do in life that you regret, it is the things that you don't do that you regret. —— Randy Pausch
人生中讓你遺憾的不是你所做過的事,而是你沒做的事。——蘭迪‧波許

為自己而活,才能為天地自然所用

有位讀者分享她最怕做決定,因為考慮的因素太多,不易做決定。問身邊的朋友及家人,他們每個人都有自己的想法,反而越問越亂。如果你不知道自己要什麼,別人能夠提供的幫助是有限的,因為他們只能夠以自己的人生標準而提供幫助。如果你不知道什麼會讓你幸福快樂,別期望別人會懂得滿足你;如果你不知道自己願意放棄什麼,你永遠不會知道自己要的是什麼。

看過我的書的人都知道,我最擅長的是把複雜的事情簡單化,但是我的做法不是直接給你答案,而是提供思索方法,慢慢的整理出思路來。這是每個人認識自己的過程。如果希望別人給你答案,那你永遠都會陷在越問越亂的困境中,停滯不前。

考慮因素多,其實是好的行為,因為它代表一個較全面的思考。但顧慮太多,就絕對不是好事。尤其是在沒有主張的情況下就會導致猶豫不決。顧慮是一種消極行為,就是怕:怕沒面子(太在意別人怎麼看),怕結果不符合自己的期望,怕讓別人失望(還沒找到維護自我與尊重他人的平衡點),怕自己沒能力應付等等。為自己而活,先要有主張,然後一一的消除自己的顧慮,針對每一個顧慮找到積極應對的方式。

CASE
針對顧慮找出對策

小周的家人在四川，為了發展事業一個人在上海生活。她想念家人，但也想追求自己的事業。事業與家庭如何取得平衡？有些人說她自私，只為自己，不顧小孩家人。有些人覺得她除了為人妻母，也有追求自我實現的權利。有些人同情她處在兩者選一的掙扎。其實她心中清楚自己兩者都要，但目前更想要的是事業發展。所以一旦分析出自己的優先秩序，她知道必須犧牲與家人在一起的時間。很多人就卡在這一關，不想讓家人失望，沒有方法讓家人諒解，也沒法放棄自己的夢想。小周針對這些顧慮找出對策。如何與家人溝通自己的選擇以達到積極的效果？（表達自己的需要，同時也讓家人了解她對他們的愛並沒有減少。）如何在少見面的條件下創造與孩子與丈夫的親密關係？（為了滿足家人的需要，自己再辛苦也願意，如多回家、多寫信、多用現代通訊工具每天與丈夫電話或視頻約會。）小周最後釋放了自己的心理壓力，不再自我責怪，坦然的面對自己做的這個選擇。嘗試了才知是否可行，如不行，你還是可以改變它的。最重要的是解除自己心理的束縛，小周才能做個快樂人，自己快樂才能夠勝任生活中不同的角色，做個好媽媽，做個好愛人。

CASE
你不是個受害者

小陳是某大企業的工程部經理，為人個性保守、容易緊張、很怕做錯事，更在意別人會怎麼看他。工程部在他帶領這三年多來，工程師們的士氣低落、績效下滑，而且與營運部的互動也出現許多摩擦。營運部姿態強勢，常常指責工程部提供的技術服務很差，無法達到他們的需求。工程部就因為整天挨其他部門的罵，每個工程師都覺得自己不受重視，在公司地位矮人一截，再加上主管不支持部屬，因此整個部門的士氣相當低迷。公司的總經理也為工程部業績不振而感到頭痛。

當我跟小陳探討他目前面對的情況時，他的反應竟是不斷地抱怨。從營運部門的

經理是如何霸道又強勢，總經理有多不喜歡他、常找他麻煩，到他手下的工程師們能力不夠強，他替自己解釋為什麼工程部這麼難帶，「你根本就不了解工程部的情況，要做的工作就是這麼辛苦，還要被每個人指責。」我從他的反應看來，他始終都不認為是自己有問題，完全搞不清楚自己在這事件裡扮演什麼角色，因為他看待事情的態度是：都是別人的問題，他只是受害者。經過半年的教練輔導，小陳還是無法從自己的被動消極的思維模式跳出來，選擇了離開公司。（是的，教練的工作也會有不成功的案例的！）

小陳離職後，儘管公司裡仍是同一批工程師、同一群霸道同事、同一位總經理，但只是換另一個人帶領工程部後，整個士氣就完全轉換了，每個工程師開始覺得自己有發揮的機會。

CASE
我們不只對自己做的事負責，也要為沒做過的事負責

約翰與瑪莉兩人於婚禮前六個月分手，原因是瑪莉跟約翰的母親無法相處。瑪莉比約翰大三歲，她很介意年齡的差距，非常擔心未來的婆婆會因此不接納她，所以就不准約翰告訴別人她的年齡，尤其對他的家人更是不能提。每次在男方家族聚會裡，瑪莉常刻意迴避年齡問題，有時還回話很直不客氣：「你問這東西做什麼。」再加上她對待男方家人的態度似乎不甚禮貌，也不夠尊敬老人家，這一切都讓未來的婆婆心裡很不舒服。最後，約翰承受不了母親的壓力，和瑪莉取消婚約，分手收場。

當初介紹我認識約翰與瑪莉的人問我：「你可不可以去輔導一下瑪莉，她有問題。」可是在聽完整個事件的原委後，我認為瑪莉當然有她的問題，可是約翰有更大的缺失。

約翰對於分手這件事自然很傷心，但他覺得是瑪莉的錯，錯在她不能懂事點、對他母親好一些。他也覺得是母親的錯，錯在她不能接受瑪莉並好好地相處，「那麼你在這團混亂中扮演什麼角色？」當我這麼問時，他有些忿忿地陳述，他母親就是那個樣，他未婚妻就是這個樣，沒人明白他夾在兩個女人中間有多痛苦。

整個事件中，約翰沒有看清他該扮演的角色，如果他當時採取不一樣的行動，可

能結果就不會是分手。關於瑪莉對年齡的擔憂，如果約翰認定那是他心愛的女人，他可以選擇跟母親溝通，先在母親這方面做好工作，等以後再告訴瑪莉不用擔心年齡的事。至於瑪莉對他母親不禮貌的事，很顯然的，約翰在這裡的態度是縱容女友任性行為，甚至還幫她找藉口：「她就是這樣子的人嘛。」其實約翰可以對此表現意見。如果他及時發出「我愛你，我也愛我家人，希望你也能接納我家人，尊重我家人」的信號給瑪莉時，她若是愛這個男人也會去尊重這點的。

對自己負責，也就是一個人有沒有看見自己所扮演的角色是什麼。在約翰的責任範圍內，他可以採取不同的處理方式，去改變分手的結果，但是他卻什麼也沒做，最後只徒留彼此的傷害。

接受自己的決定

以前我也跟許多股市人一樣，聽從股票經紀人推薦的績優股而投資，當股價下跌時，我不免會怪經紀人：「都是他介紹我買的，是他害我損失這筆錢。」可是，當我冷靜下來分析這件事時，沒錯，他是介紹我買的人，可是最終決定的人是我，他並沒有拿槍指著我的頭逼我買。當我接受這個因自己的選擇而產生不盡理想的結果後，我接受我要負一部分責任，反而從中學到該如何去補救。後來，我也開始注意世界經濟和商業資訊。

選不選擇的權利都在自己

把錯推給別人是件輕鬆的事，不過，你可知「推卸」也是一種選擇？即使你選擇迴避責任，隨之而來的結果仍會展現在你身上。然而，只要你願意改變，你還是可以重新選擇。

舉例來說，你本身喜歡藝術，父母卻逼你學工程，因而心中存有「這是父母逼我做」的想法，但如果你明白自己的人生不能交由別人決定時，你不會去遷就父母的決定，把自己當成一枚無奈的棋子，照著父母安排好的路線走。你反而會選擇不接受父母給的棋局，或許父母因而表示：「念藝術的話，學費自己想辦法。」即便換來了難題，但你還是可以用半工半讀、申請助學貸款等方法來解決。而即

使你最後選擇接受父母的安排，只要你是真心地想要改變自己的生活方向，仍然能再次選擇去改變。終究，選擇的權利是在自己手上。

每天，我們都要為生活中的種種情況做出選擇，你要知道，現在的路是自己選的，不論好或不好，你都要承擔後果，這樣才是個對自己負責的人。當你有此認知時，意味著你不會為自己找藉口、你不會怪罪他人，你也不是一個受害者。

我，才是該為自己人生經歷負責的人。
唯有我，才是那個清楚自己需要的是什麼的人。
只有我，才知道如何能為自己內心創造滿足與快樂。

如果每個人都能為自己負責，這世界就沒有犧牲者

我有個朋友，她在五十歲那年發現，結婚三十多年的伴侶對她不忠竟長達二十年之久，儘管那二十年來夫妻倆因工作關係分居兩地，彼此僅存夫妻之名而無夫妻之實，她在得知這樣的真相後，仍不免深感震驚，認為自己是個受害者：「他怎麼可以這樣對我？」「他怎麼可以欺騙我這麼久？」

的確，丈夫是背叛欺騙了她，但仔細想一想，當初她同意這遠距離婚姻生活的安排，她也願意接受沒有親密性愛的夫妻關係。或許這麼說有些殘忍，但是她確實為今天這謊言貢獻了些什麼，她貢獻了「不願面對問題」的選擇，她安慰自己說丈夫可能是同性戀，所以才無性趣和她上床，只要在其他地方表現出是個理想的丈夫就行了。她認為自己能在婚姻中撐下去，她做了不去追究真相的選擇，如今她就得承擔這結果。如果她開始去承擔自己「做過的選擇」以及「沒做過的選擇」的責任，那麼她現在應該可以站在人生新起點上重新過生活，而不是沉浸在痛楚裡。

反觀我的另一個朋友，她結婚二十多年，沒有生小孩，後來發現丈夫這些年來一直背著她偷情，還跟情婦生了孩子，最後夫妻走上離婚之途。一開始她確實很受傷且怨恨，但最後她出乎我意料地告訴我：「雖然是他的錯，可是我也有責任。」原來那二十年來，這對夫妻為了各自的事業，分別在不同國家工作，雙方長久處於分居狀態。很早以前她就發覺丈夫外遇的事實，她在家裡發現有其他女人的衣

物，只是她自欺欺人地當作沒這件事，「就因為我當時選擇不去面對問題，所以今天發生這樣的結果，我也有責任去承擔。如果我那時候願意去面對，也許終究還是會離婚，但或許還能有其他結局也說不定。」看著她如此坦然的想法，我想她心中的傷口已經開始癒合。

她承擔自己的責任，並不意味著男方就沒有錯。丈夫搞外遇當然有錯，但如果她一直自認是受害者，或者她不斷自責，她的心就只能永遠處於受傷狀態，也永遠無法從過去的陰影走出來。可是我很佩服她的是，她認清自己在這個離婚結果中所扮演的角色。當她接受自己有一部分責任時，她就不再是受害者了，反而變得有力量站起來。現在的她，選擇離婚，放開過去，開心過單身新生活。

為什麼要對自我的人生負責？

坦白說，有時候當個受害者比較輕鬆，可以認為自己沒有錯，那就不需要做什麼改變，也不需要為這事情負什麼責任，因為都是對方的錯。在中國人的文化背景中，我們從出生到成長的過程裡，大多時候不需要為自己負責，父母已經幫我們把一切東西都安排好了，上哪個大學、選什麼科系、娶誰家媳婦……我們照著父母給的人生行程表過日子，仿佛我們不過是延續父母的人生，為了一圓父母的夢而降臨世間。我並不是說父母對孩子的呵護、照顧、關心是不好的事，而是看到文化裡隱藏著「不全然是個阻礙，卻也無法幫助我們」去對自己負責的因素。如果能意識到這一點，就能夠調整我們做事的情況。我們越是依賴父母的照顧，就越不可能獨立生活，也無法學會為自己的人生負責。我見過不少大學畢業三十多歲的人還住在父母家，這仿佛成了普遍的社會現象，我其實很鼓勵這些人能搬出去自己住，離家，開始自己做決定，這樣子才能學會為自己的人生負責。

——為自己負責，你才能成長、建立自信、相信自我判斷——

在我的人生中，為自己做的第一個重大決定是大學轉系。考大學那年，我成績不錯進了法律系，父母都很替我高興，因為做律師是大家所認同的好職業，在社會上有身分地位與財富，我心想考得上也算不錯了。可是念完大一，基於考試成績不理想，再加上對法律沒興趣，就發現念法律完全不適合我，於是升大二時，我

決定改念語言學系。但這麼一來，父母原本對我未來當律師的期望落了空，而且他們也不知道語言學是什麼，畢業後又能做什麼。大一時，我父母還能跟鄰居寒暄說：「我女兒在念法律系。」後來，他們也不知怎麼去向人解釋，只能含糊地說：「喔，我女兒大學畢業了。」

至今，我父母仍不清楚念語言學有什麼用，但我卻對此很有興趣，很慶幸當年自己做出正確選擇。自信，是來自我們做決定，繼決定而至的結果會累積你對事情的判斷力。不管大我、外在、家人、社會所給的壓力是什麼，最終還是得由你自己做出決定，不要因為結果不理想就怪「是別人逼我做的」，再怎麼說那也是你自願被逼的。當你接受結果是自己選擇的，如果是好的結果那也是你的功勞，如果是不好的結果就當是自己判斷力出差錯，並學習調整自己的方法。

——為自己負責，你才能化痛苦為力量——

很多人常常會覺得事情已無法改變，認命了，因為老闆就是這樣、工作還是老樣、生活不就這般、父母又還能怎辦……究其根柢，這一切都是你自己想要怎麼樣。如果說「認命」帶給你心中的是一股平和的感覺，使你釋懷，讓心自由，你又可以重新選擇去改變一些情況，那麼這種認命我認為還可以。但多數時候，認命給人心中帶來的卻是負面的無奈感覺，這樣的認命就不是一個適當的心態。

儘管就某些方面看，不必對自己負責似乎比較容易做到，因為我們無須剖析自己去看清內在的真相，但是它卻會將我們帶到一個更艱難的處境：陷入身為受害者的模式，對自己感到畏縮、弱勢、消極、無奈、痛苦。然而，真正做到對自己負責的人，能將自己從痛苦中解放，並獲得內心的新生力量，使自己能積極地看向未來、自我療癒、自我成長、有行動力去改變、創造人生的喜悅，以及擁有愛人的能力。這股力量，並不是來自你讓別人去做你要他們做的事才得來的，而是靠你自己去做你要做的事而得到的。

當個受害者	當個對自己負責的人
痛苦	力量
無助	選擇
沮喪	高興
無力感	行動派

看見解決問題的可能性

我住在香港，家人在馬來西亞，以前母親只要想來看我，就打電話來說這個月要來香港，「不行！」每當我直接回絕，她就好像沒面子地開始生氣，氣我為什麼不讓她來香港，最後弄得我也不高興。事後我跟朋友訴苦時，朋友多半會安慰：「母女關係就是這樣，忍一忍就好了。」可是我並不這麼認為。我也很想母親來香港看我，我希望的結果是：她來得開心，我也很開心。

於是有一天，我找機會跟母親談：「以前我總是說你不能來香港，是因為我的工作行程都是三四個月前就排定的，我不希望你來香港看我而我卻沒時間陪你，所以如果以後你想來看我，可以提早三四個月就告訴我，至少讓我有時間去挪我的行程，這樣我們都能安排出最適合見對方的時間。」當我主動去化解問題時，我發現母親其實很能理解我的情況，現在我們母女之間不再為這事生氣失和了，甚至有時我還會主動問她什麼時候想過來，先排進我的日程裡。

當你是個對自己負責的人，你就能看到很多你可以採取的行動。

七個方法提高對自己負責的能力

一、意識到自己的情緒

本書一再強調：意識到自己的行為或情緒狀況，是你能不能自我改變很重要的第一步。你要能先「覺察自己」，才可能有接下來「決心改變」的動力。當你出現

符合下面所描述的情緒時，就表示你現在並沒有對自己負責任。不妨先跳出這團情緒，再重新決定自己的生活處境。

你意識到自己有下列情緒嗎？

憤怒	無助	失望	責怪他人
報仇	自憐	忌妒	不專心
不耐煩	不快樂	脆弱	威脅恐嚇
控制對方	過於妄想	依賴	吹毛求疵

二、選擇權在你手中

每個人其實都不斷在做選擇，不論是有意識的或潛意識的，我們能創造自己的悲傷，也製造自己的快樂。換言之，你所做的任何事，做或不做，決定權都在你。或許你選擇讓前夫所做的蠢事氣死你、你選擇為豬頭老闆工作、你選擇被傲慢同事欺負，這樣看來是你選擇讓自己處在一個不健康的環境裡。一旦，能認知自己的處境，恭喜你，這將是你自我突破的關鍵，因為你意識到問題點，那將帶出你更有獨立思考的能力。

舉例來說，你老闆很不好，可是你選擇為他工作，你選擇繼續待在這家公司，你還沒離職可能是因為你不喜歡其他工作機會，也擔心換工作不能像目前擁有優渥的薪資待遇，更擔心不管到哪家公司老闆也都一樣糟。在你為自己做了這麼多分析後，你決定繼續留下來。很好，這是你做的決定。不管最後你在這間公司做得理不理想，你都得接受一切。別忘了，你現在的人生正是自己以前的種種決定所造就的。

三、停止怪罪別人

當事情的進展或結果不如我們預期時，我們很容易把錯怪在別人身上。通常企業招聘人才時，會評量一個人負責的態度：看他是認為自己已經做了應該做的事？還是他有為事情的結果負責任？假設，今天有個人說這件案子他來不及完成，是

因為在等老闆回來給最後的定案，而且文件已經交給老闆了，老闆還沒回來他也沒辦法。一個能對自己負責的人，就會主動打電話告訴老闆現在有個定案期限在等候他裁決。

跳脫當下的負面情緒

有一次來臺北，我的朋友突然幫我約了個會議，一小時前才通知我，接下來又幫我預約了足部按摩，原以為是一小時多的療程，結果竟然做三小時之久，所以我就沒多餘時間能安排其他事情。足部療程結束後，晚上回到下榻酒店，服務員告訴我上網需要的寬頻接收盒已經全部外借給客人了，我聽到這就生氣了，一想到原本該做的事情都無法如期完成，心中開始埋怨都是會議耽誤我時間、都是療程做太久……，但是這一切都已然發生，怪誰的錯都沒用。我要做的是，有意識的在事情發生時能讓自己跳出來，不要因為自己不高興就把氣出到別人身上。

四、不要自責

自責，尤其對我們中國人易於壓抑的性格來說，是不好的習慣，容易累積太多的負面能量。當你怪罪自己時，你又把自己放回痛苦狀況中，成為受害者就更難跳脫出痛苦。

不自責並不代表當時的你沒有錯，而是希望你接受自己當時的選擇不是最好的，給自己一些寬容，這樣子你才能跳出負面情緒，以保有正面能量，接下來也才能看清自己扮演的角色，並將事情的選擇權拉回手中，重新選擇處理方式。

因此，你要能做到原諒自己，跳脫自責，積極行動。你該原諒自己的是什麼？原諒自己在當下的狀況中，所做的選擇不正確，告訴自己當時基於你對自己的認識、對事情的判斷、掌握到的資源，才促使你最後做出那個決定。或許今天的你，不會再做出同樣決定也說不定。你雖然做錯了，但你要想成：這不是我錯，是當時做的決定錯了。把個人和行為分開來看。

五、改變自我談話的方式

自我談話，就是指在我心中的每一個意念，我會有意識或無意識跟自己對談。這種談話反映出我們的思維習慣，有些談話方式會讓人陷入負面思考中，例如，你的男友說他愛上另一個女人，要跟你分手，你或許不願面對現實，怪他為什麼不說謊讓你心中好過些？為什麼他要這麼坦白，難道不能假裝什麼事都沒發生過？就算是維持愛情的假象也好，他為什麼要狠心破壞這一切？當你在心中隨著憤怒，醞釀出報復、不放過他、同歸於盡等等的負面想法，你就已經讓自己的人生偏離了正軌。

只要你換一個角度去看事情，就能將負面的聲音轉化成能帶出較多正面能量的對話，找出一個正面方式來使自己放下執著，釋懷一切，認清在那場戀愛裡其實你也學習到很多，這個分手經驗雖然傷痛，但是你若能從中得到成長，在下一次愛情來臨時，你會更懂得去經營兩性關係。

六、認清「接受現狀是因為暗地裡有回報」

我們常會聽到很多人在抱怨一堆事，但最後卻仍接受現狀。有所回報，解釋了為何願意安於現狀。朱莉的大姑非常疼愛朱莉的兒子，每每兒子放學後，大姑總是在第一時間過來陪他玩，把他當成自己孩子般的疼愛有加，朱莉對此總有些「吃醋」，不高興大姑有點像是取代了她這個母親的地位，於是朱莉最愛在家人面前叨念著，真希望大姑趕快交男朋友，這樣大姑有自己的生活後，就不會來影響他們母子倆的親密關係。

常常，我們知道自己想要什麼，可是偏不採取行動，為什麼？實際上，朱莉有很大的回報：多一人幫她看孩子，分擔了她帶小孩的辛苦。她雖然一邊埋怨，卻一邊享受樂得輕鬆的回報。仔細去想，我們不也常讓生活停留在雖然不大滿意，但還能接受的狀態下，抱著鴕鳥式的安逸在過日子。這一切都是因為暗中有所回報的。因此，你要認清那個回報是不是你真正要的東西，這樣你才會為自己下決定。

當衡量你的回報價值後，你選擇不去改變。如果你意識到這就是你的選擇，其實你已經在對自己負責了。然而，很多人的情況卻是，根本沒意識他們已經做了選

擇，所以我的教練工作就是要幫這些人去認清：那是他們自己的選擇。

七、想像你希望的生活是什麼樣子，然後去實踐

你是否真正願意去探討你生命中想要的東西，並去追求？我認為這一點的實踐難
度很高，它與尋找自我滿足有關。放眼四周不乏這樣的聲音：我在等白馬王子出
現、我在等高薪入袋、我在等身材變好……，這樣我的人生就完美無憾。你可曾
想過，為了滿足自己的需求，你付出了什麼？你做了什麼？現實的世界是，沒有
人必須給你這些東西，而是要自己去爭取的，人生不是一場魔法，說變就能變
的。所以，別等了，就去爭取吧。

我一直很鼓勵人們：別等，樹立目標，去找資源，去行動，機會是給已經準備好
的人。你如果很愛畫畫，那就去學，就算你不能把藝術當成吃飯的工具，至少也
能培養成愛好；你若是遺憾當年家裡窮，沒錢供你念到大學畢業，那現在還是能
擬進修計畫去圓你的夢。或許，即便你真的去行動也無法擔保你能到達目的地，
可是在過程中你可能會有很多收穫、也可能離目的地更近了、也可能在過程中走
了一半發現新目標，因為你擁有更多資源去更好地認識自己，如果因此讓你從目
的地A走向B，那更好，你多一個新方向可走，如果當初你沒去走這個過程，根
本不可能發現B才是你要的重點。你若不去行動，就無法知道你可能錯失的是什
麼。

為抉擇做出取捨

當年我放棄高薪工作選擇做個窮藝術
家，就先在生活上做出許多妥協：我
搬家，從房租一個月三萬元港幣的舒
適房子搬到一個月一萬元的地方，因
為我想給自己一兩年時間去思考自己
的人生，生活費來源成了眼前的現實
問題。我開始控制每個月的開銷，以
維持那段不事生產又沒收入的日子。
舉凡任何你想得到的東西，都要先付
出，倘若你既想伸手要卻又不願付
出，你只能掙扎在那，一個真正對自
己負責任的人，會去追求夢想，並為
抉擇做出取捨。

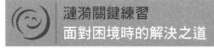

漣漪關鍵練習
面對困境時的解決之道

困境一　如果我這樣做會得不償失怎麼辦？
　　　　如果事情不依我的計畫走怎麼辦？
　　　　我到底該這麼做還是該那樣處理呢？

許多人不去對自己負責，主要是因為害怕做出錯誤決定。

想換工作時，你會有很多念頭出現：擔心跳槽不成很丟臉，憂慮新工作無法勝任，怕新老闆很難相處……這些壓力造成你害怕現在做的決定是錯的該怎麼辦。很多人一想到要承擔對或錯、好或壞的結果，就變得躊躇不決，最後，選擇不去行動（殊不知，這其實正是一個決定）。下面介紹兩個方法能幫助你跳脫眼前困境。

方法一：抱持沒有損失的心態

要跳脫選擇困境，就要先具備「沒有損失」的心態，別讓思維陷入對錯與非黑即白的二元世界，就不會局限了自己的選擇，因為每一條路都可能是對或錯，就看你如何改變選擇後的可能性發展。

方法二：衡量結果與機會

改變我們對於結果與機會的思考面，也是個好辦法。如果你選擇在這間公司上班，是因為主管很優秀，你認為可以從他身上學到很多東西，直到半年後人事風暴，主管調職，新官上任，你會感覺到事情的結果與預期不同。但是我卻看到，好主管走了雖然可惜，新長官是誰並非你能選擇的，但在這位新長官的領導下，或許有更不一樣的機會去學習與成長。

人生不是完全沒風險的，每一個決定都有要承擔的風險。當我做決定後，我不會去注意結果，我只看重過程。戀愛時，我會希望能廝守一生一世，但不會刻意注重結果而一定要結婚，我追求的是相戀

過程中彼此的相互認識，相互支持，如果這段過程進行得很美好，彼此很相配，那結果就會自然而然的發生。可是有些人卻只要求得到結婚的結果，不管相處過程有多少摩擦，到頭來，就算有結果也不會維繫長久或過得美滿幸福的。因此，我們要看過程是什麼、結果是怎樣、有機會嗎？然後找出一個平衡，這麼一來，每一個選擇都會看到它好的一面。

困境二　我怎麼知道自己做的決定是對的？

遇到要做決定時，我常會問自己下列問題，然後從經驗裡去判斷，在獲得自信後，採取行動。

這個決定對我、對他人或對環境，是不是好的？

這個決定是不是合法的？

這個決定是否雙贏或雙方都不會有損失？

這個決定會不會讓我感到自豪？

過自我負責的人生的意義是：

對於我的思維、感覺以及行動，我負起全權的責任。

在我的生命中於過去現在和未來所發生的事，我很清楚自己在裡頭所扮演的角色。

我接受並尊敬自己。我尊重自己的權利去選擇做最好的自己。

我做能力所及之事去滿足自己的需求，適當的經歷著恐懼、憤怒、信任、喜悅，以及愛。

我開誠布公地做溝通。

我知道趨近自己需求的最佳方式，而不責怪他人。

我使用「我」字眼來宣示，例如：我覺得、我詮釋、我需要、我想要（而不是「你」或「他人」）。

我尊重他人的尊嚴與權利，並盡可能支援對方的需求。

04. Know yourself

認識自己

I choose to be authentic. My words and actions reflect the true me.

我做真正的我。我的言語行動反映真實的我。

It is not what happens to me, but how I handle it, that determines my emotional well-being.

我的情緒好壞，掌握在當問題發生時我如何應對，而不是問題本身。

CASE
做自己很困難?!

在我的專題講座中,我總鼓勵人們要「做自己」,因為那是我們在生活中最容易做到的事,最困難的事反而是不要去做自己。然而,不管是在香港、上海,還是臺北舉辦的講座裡,我不可避免地總會從聽講的人身上接收到下列這些反應:

・那怎麼行?就算我不同意我老闆的看法,但我不能實話實說啊。

・不可能的。在家裡只要我不高興,連我老爸都怕我,我會摔東西洩憤、會大吼罵人的。

・我不喜歡和人打交道。最好不必好聲好氣向人低頭,我才不想去討好別人。最好是他做他的,我做我的。

・人怎麼可以毫無拘束地生活?如果每個人都做自己的話,世界肯定會因為無紀律而大亂的。

這些回應讓我很驚訝,「做自己」怎麼可能是件不應該的事呢?怎麼沒有人認為「做自己」是件理想的事呢?更糟糕的是,竟然還有人認為「做自己」會是個錯誤、是件壞事。

那些不想做自己的人其心態上認為:人是不完美的,需要社會約束與外在管束壓力,才能讓人表現得更好;人基本上是擁有懶散的個性,所以無法信任。這麼看來,難怪他們會不想做自己,難怪他們認為要接受社會的規範來約束行為標準,難怪他們無法建立自信,因為他們根本不相信人性本善。因此,當這些人身居領導級的主管地位時,也不免訂下規則與條例來約束員工的行為。

反之,另一派人的看法則是認為:**人性本善,雖不完美,但是每個人都有進步空間與發展潛力,我們全心接受每個人的樣貌,因為每個人對這世界皆有其獨特的貢獻在。**

做最好的自己

李開復有一本暢銷書《做最好的自己》,當我見到這書名時不禁笑了,因為跟我

想表達的意念再契合不過了。我們可以做出最好的自己。上述的案例中，當他們想到自己時，是想到最壞的，其實你要想到的是擁有潛力的那個自己。

如果你對人生的想法是「真正的我是不夠好的」，那麼想必你會過得很痛苦，壓力也很大。如果你認為人就應該過著「要隱藏真正自己」的生活，除了親近的愛人與家人之外，不讓外人看到有缺陷的自己，那麼我還真為那些你所愛的人叫屈，因為他們得忍受那個不為人知最壞最放任的你。我們難道不能給自己所愛的人看到自己最好的一面嗎？

如果你的人生態度是「否定自己」，一直試圖成為「一個你認為應該成為的人（沒做自己）」，那樣的人生太累了，因為你將無法經驗到認識自己所涉獵到的範圍與安全感，你無法接受完整的自己，也就難以發現自信的存在，還得隨時擔心別人會看穿真正的你其實是差勁的人。

你，戴著面具，就無法做真實的自己。

認識自己，是每個人都要經歷的過程，看自己的優點長處，也接受弱點。這並非是在自我打擊，而是給自己一個成長的空間，以積極的態度來接受自己：「我不是十全十美，但現在的我就可以做出獨特的貢獻。」

四個方式幫助自我覺察（Self awareness）

一、自我內在的覺察（此時此刻，Intrapersonal Awareness）

現在，跟自己做朋友，試著問自己下列問題：

• 你現在的感覺如何？
• 你為何會感覺這樣？
• 在此情況下你有什麼反應？
• 為何會有此反應？
• 有什麼讓你感到愉快？
• 有什麼讓你感到難過？

你對自己的內心世界了解嗎？你是否意識到自己的情緒、思維習慣以及需求，如何影響著個人行為與其他人的關係？你是否認識自己的情緒？當你與人相處時，

提高探索自己內在的能力

- 學習冥想，或於靜默時刻中沉思。
- 多讀哲學書，特別是不同文化背景下的不同學派。
- 主動尋求教練的回應，讓教練帶領你去探索自我。
- 創造自己的個人儀式，例如我的朋友 Nini 每天最重要的私有時間（private time）就是在下班後在浴室洗澡的時間。她的小孩都知道這時候不能去吵她。當你選擇這麼做時就會感到自在舒服。
- 列出自己的優點名單，請信任的朋友或同事協助列出項目。
- 列出自己的缺點名單，並挑出一到兩項來改進，請信任的朋友或同事協助列出項目。
- 在家中闢出一個安靜區域（private space），供自己靜思反省。
- 發展一項天性中獨處自怡的興趣或嗜好。
- 參加能幫助你開發自我與潛能的課程。
- 保持寫日記的習慣，記錄你的思考、夢想、目標、情感與記憶。我的漣漪日記（RippleJournal）就是為此目的而設計的。
- 閱讀偉人的傳記，看他們是如何影響並改變這世界。
- 每個星期，做些事好好寵愛自己一下。
- 攜帶隨手小鏡，留意自己在何種心情變化下連容貌也跟著改變。
- 花些時間與那些對自身有著健康與正向意念的人相處。

情緒又是如何發生的？你能夠審視並改變自己的行為與情感，以增進自己與他人的關係嗎？譬如：你能夠發現（當下捉到）自己的負面情緒嗎？你知道自己的負面情緒通常在什麼情況會出現？當你處於負面情緒時，對人我的關係有什麼影響？對自己的表現有什麼影響？

根據霍華德‧迦納（Howard Gardner）提出的「多元智慧理論」（Multiple intelligence theory）中，智能有八種，探索內心世界是其中一種智能。探索內心讓人有能力去反思，並更接近內在情感。人們從過往事件中反思、總結、學習到一些東西。這些對於自己的思想、需求、恐懼、感覺等都很敏銳的人適合當作

家，寫下內心的東西；就像我目前的教練工作，是要去了解人的內在動機，進而幫助人有能力改變自己，藉由認識自己而得到真正的成長。

二、人際間的覺察（互動、涉及他人）Interpersonal awareness

就下列問題，開始自問：

- 你是否與他人間創造並維護著和諧且能實現個人抱負的人際關係？
- 在人際關係裡，你處理溝通、情緒以及衝突的能力有多好？
- 你能意識到群體中的「脈動」和感覺，並能清楚地以有建設性的方式表達出來嗎？還是會傾向迴避情緒化的場面？
- 在團體和社會中，你是一個友善的、開放的、自信的、樂於合作的、有愛心的、值得尊敬的人嗎？
- 你是否自認是個能感同身受的人？
- 你是否有同理心，能體會別人的想法？你是否會顧及並理解他人的反應、動機、觀點？你能設身處地為人著想嗎？你能通過別人的眼睛來看這世界嗎？
- 你是否在溝通自己的想法時，也能聆聽別人的話？
- 你是否常回應別人的看法，會詢問對方且表示你的理解，並欣賞他們的觀點、需求和看法？
- 你是否公然表示出你對他人的感激？你是否尊敬其他人的不同觀點與看法？

雖然人們擁有獨處生活的本能，我們卻也是社會動物，因著與他人的連結而成長。與人相處的能力、了解他人、注意到別人的夢想、動機、企圖，去解釋他們的行為，並與他們有效益地一起工作，就是所謂人與人之間的覺察。

在我的教練工作中，發現這種人際覺察能力常常是許多聰明經理人的絆腳石，這些經理人很聰明，思考快速，也擁有判斷技巧，但是他們難以產生熱情去激發其他人與他們一起工作。換句話說，他們是技術上很聰明（technically smart），但缺乏與人相處的智能（people smart）。他們擁有高智商能理性分析事情，可是遇到人的問題時，卻缺乏情緒智商，因為當他們採取行動時，並沒有想過這會對其他人造成什麼影響。其實他們並沒心機去蓄意傷人，只是純粹沒想這麼多。如果

階層與輩分不該是人際溝通的標準

中國文化講求長幼有序，這讓我們失去培養人際關係的技巧。你會發現，一個輩分或階層高的人可以用地位來壓制下面的人，不需要學習溝通或解決問題的技巧，就能得到他想要的目的。如果我是個老闆，我可以「逼迫」你去做你不情願做的事；你身為一個下屬，就必須「尊重」老闆的決定，即使你不同意也要順服，直到你再也無法忍受乾脆辭職為止。

我從許多經理人身上看見他們的溝通雙重標準，只有在另一方的地位與權勢高於他們時，才會去顧及別人的感受與面子，即使要他們壓抑自己的意見與看法也沒關係；不過，當他們面對下屬時則是另一種態度，想罵就罵，不會考慮下屬的面子。身為老闆、父母、姊姊、哥哥或長輩們，如果只懂得用身分地位來讓人就範，就沒有機會學習說服、聆聽、溝通等人際技巧來處理事情。

他們當真想過會有這些負面影響時，反而就會告訴自己要理性處理，說穿了是他們根本不知道該怎麼去處理人的問題。

所謂人際間的覺察能力是指，不只能了解自己的需求，還能夠了解別人的需求，例如安全感、認同感、自尊、自我實現、夢想等。去理解每個人的需求，並有很好的方式來影響自己與他人，讓彼此的目標一致。

三、用回饋提高自我覺察力 Develop awareness through feedback

Feedback 這個名詞有不同的中文翻譯。在臺灣通用的是回饋，在大陸是反饋。我個人比較喜歡反饋這個詞，因為它帶有主動和行動意識。

每個人都有盲點，看不見自己，就好似背後沒長眼睛，因此得不時回頭看後面鏡子中的自己是什麼模樣。中國人傾向於隱藏自己，或給自己戴上面具，讓消極的想法永遠沉在水平面下，等事情浮上枱面時才發現。如果不是恰好冒出個引爆點，可能根本就不知道自己哪裡出錯。這個引爆點可能來自外界刺激，例如朋友的一個負面的反應、逐漸疏遠、暴發怒氣，或是一個不幸與災難發生等。

尋求別人的反饋是增加自我覺察能力的最好方法,這樣才知道我是如何影響到對方,透過對方的反應,你才知道如何讓自己表現得更好,並讓各方需求都能達到共識。在我與工作夥伴經營工作坊時,課程告一段落後都會有個回顧檢討,一一提出好的部分,以及有待改進之處。我很重視這些反饋,因為這能讓我有機會把事情處理得更好。不過我遇過最糟糕的反饋是,客戶對我提供的服務很滿意,但是卻不再續聘我,讓人不知問題出在哪裡。

反饋雖能帶出正面激勵作用,有時卻也會給人帶來傷害。然而,不論你所得到的反饋是否如芒刺背或根本不值一哂,你都應該要覺得有反饋比沒有要好,因為你至少知道這件事是如何影響到其他人。「學習去分析反饋所要傳遞的訊息」這是你現在該做的反省,去思考何以自己的行為會得到如此反饋,這種反思能讓你更誠實地面對自己。因為正是你做了或者沒做什麼,才導致對方會這麼看待你。

教練提供你不帶批判性的反饋,並給你激勵與勇氣去面對自己。你可以尋求類似教練這樣角色的人,幫助你去開發自己的覺察能力。我非常鼓勵大家尋求教練讓自己有紀律地持續成長。

CASE
適時回饋以調整待人態度

瑞瑞在找了五個月的工作後,最近終於開始到新公司上班。五周後我和她約吃午飯,閒話家常中談到她的新工作,我發現她的表情變得不耐煩,說話口氣生硬,不時抿嘴聳肩,讓人感覺很不舒服,於是我決定對此給她一些反饋。

「瑞瑞,有些事我不得不說,你今晚已好幾次說話時帶著不以為然的口氣,表情很緊繃,還一直嘟著嘴,好像感覺很不愉快,你到底怎麼了?」

「哦!天啊!我真的這樣嗎?我不知道這份新工作的壓力會讓我變成這樣。由於這是個新職務,我必須跟公司的每個人解釋並辯護我的工作是在做什麼,沒想到這樣的防禦性竟表露在我的日常生活上。」

像這樣一個簡單的反饋,不帶任何批判字眼,也沒有要她該怎麼做,反而是將她拉回正軌的最有效方式。如果當時沒有人告訴她,那麼對於她不自覺所表現出的工作壓力,就可能不知道是時候該做些調整了。

四、以開明拓展自己的覺察能力 Develop awareness through being open-minded

CASE
你是一個開明的人嗎？

湯尼是個航空公司的資深經理人，在一次教練課程中，我問他覺得自己是個苛刻抑或開明的人，他說自己當然是個開明的人，於是我請他舉例說明看看。「我是開明的人。問題是員工提出來的方案都是錯的、不好的，所以我必須堅持我的做法。我知道如何處理眼前的問題，但他們不可能比我懂得多。雖然是這樣，有時候我還是會聽他們提出的想法，讓他們說服我。不過他們很難說服我的，因為我有豐富的經驗，對這工作太了解了。」他說這些話的同時，在場的每個人都在笑。這就是典型的完全不自覺的例子，他不知道自己主觀性太強，給對方機會卻又去反駁他們所說的話，其實這是所謂的假開明。

沒有人願意承認自己心胸狹窄，但又有多少人是真正的開明？開明的態度並不是說要你接受每個人給你的意見或建議。而是說，對於與你相左的意見，你將抱持欣然的態度去看待並考慮。

要如何判別一個人是否開明呢？

1. 當你提出一個建議或新主意時，對方回應：「是的，……不過那樣行不通。」（不開明）

2. 當你給出回應時，對方禮貌性地說：「謝謝你。」然後就不當一回事。（不開明）

3. 當你提出建議時，他的反應會讓你覺得「你是錯的他是對的」。他會為自己辯解，告訴你是你不了解大局、你不清楚來龍去脈、你不懂這整個複雜情勢等等。（不開明）

4. 一個真正開明的人，對於新的意見或其他人給的建議，抱以歡迎態度。當這個意見與你原先的意思相違背時，你也會試著從他人的角度去認識並了解它。

漣漪關鍵練習
兩個方法拓展自我覺察力

方法一

我們必須意識到或預期到我們的行為／行動會給別人帶來怎樣的影響。你可以習慣性地問自己這個問題：我現在的行為會怎樣影響到別人？

例如：你的同事正解釋她在工作上遇到的困難，聽的同時你也正好在電腦上回覆郵件，你是否意識到你這個行為的訊息（邊聽邊通訊）也傳遞給了你同事？這個訊息不是指「你是個多能幹的多方溝通者」，而是有兩個意思：A.你真的太忙了，無法專心聽你同事說話。B.她的困難沒重要到需要你全神傾聽。

方法二

創造出我們希望在別人身上看見的影響。在你行動前先回過頭來問自己這個問題：什麼樣的影響或結果是我所樂見的？什麼行為／行動會引發想要的影響？

例如：約翰和莉莉因工作產生誤解，以致於兩人現在避不見面，約翰明白這種情況無益於他們一起工作，想尋求改善方法，他希望莉莉能覺得他是有誠意要讓整個團隊工作起來更和諧。於是，他決定採取主動，找莉莉出來吃飯聊一聊。

以四種正面態度去接受自己

一、肯定及維護自我（Assertive）

英文中的「Assertive」中文可譯成肯定及維護自我，這個觀念在傳統中國文化裡並不存在，因為我們被要求得多多體諒人、凡事不要太過分、千萬別惹麻煩、少去麻煩人家、不要反駁等等，講大我的體現而非小我的滿足。但是如果你想成為一位世界公民，「肯定及維護自我」就是個很重要的因素。

肯定及維護自我是個幫助你了解自己的指針，一種不帶強勢亦沒有弱勢態度的自

我影響力；換句話說，不卑不亢。你既不會矮化自己，也不會自大地貶低他人。待人處世時，你態度得體，既不傲慢又不卑屈。事實上，你對自己很有把握，因而對於其他人的價值，你也會一視同仁地看重。這是一個關於誠實表達自己的觀點、看法、感受、態度以及對錯的方式，也是在傳遞你自己真正的需求，尊重自己的權益和看法，同時也尊重他人的權益和看法。

那麼，進攻型（Aggressive）與肯定及維護（Assertive）兩者有何不同？

進攻型的人會不惜以侵犯到他人的權益來鞏固自己地位，帶有強勢的味道。通常這類型的人心裡狀態會認為，自己的地位與需求都比別人來得高、來得重要，因而表達方式也就較強勢。

我們通常都是，如果一方強勢，那麼另一方就要迴避，以免產生正面衝突，因此我們可以看見有兩個極端，一端是迴避／順從，另一端則是面對／強勢。舉例來說，我在飯店會議室裡舉辦過多場工作坊，會議室的空調常常開得很冷。

- 進攻型性格強的人在此情況下，會主動去關掉空調或將溫度調高。他沒有多考慮其他人的需求，以為每個人也跟他一樣都會覺得冷。
- 順從型性格強的人遇此情況會選擇繼續冷下去，並不會去打擾其他人。
- 肯定及維護自我的人的做法，則會找到一個平衡點，他會問班上同學是否會覺得冷？如果大家也覺得冷，他是否可以去將空調關小？如果大家都覺得這樣溫度是剛好，他是否可以和較不怕冷的人換個座位呢？如果這樣都還行不通，他就會問是否同學以及老師同意他將座位搬到離空調風口遠一些的地方去坐？

迴避／順從	這類型的人沒有自信，他們會為了取悅他人而對自己的需求讓步。他們害怕別人不高興或得罪人。他們希望自己能被人喜歡。
肯定及維護自我性格	這類型的人知道自己的需求，會找方法去滿足需求，但卻不會去逼迫任何人來達到自己目的。這是一個平衡的人際性格天平。
迎頭面對／強勢	這類型的人是典型的堅持己見、有衝勁、缺乏同理心、不友善、責備型、要求型的人。這可能也會涉及威脅、辱罵，甚至發生肢體衝突。

圖表裡的肯定及維護自我位在中心點上，既不過於強勢也不過於弱勢，這是一種處於蹺蹺板上的平衡，使我們可以站在自信的位置上去看自己對人對事的影響力，也可以說是我們事先看到想要結果，然後採取方式去達到那目標。舉例來說，你同事正為一件事感到灰心喪志，你希望他能恢復信心，於是你就採取行動想辦法幫他，也許是去吃飯聽他吐露委屈，或是拖他去唱 KTV 發洩情緒，讓這些行動帶出你希望他恢復信心的結果來。如果你選擇迴避的方式，那麼問題還是沒有解決，與其看你同事整天垂頭喪氣，鬱悶的氣氛影響到自己的工作情緒，不如找個方式去改變它。

許多人都被教導著要取悅或照顧其他人，不應該只顧考慮到自己的需求而不管其他人。我們也被訓示著少惹麻煩，如果某人說了或做了某件我們不喜歡的事，我們應該沉默，以後離這個人遠一點。雖然這麼一來，我們避開了當前的不愉快，但如果我們拒絕去堅持維護自己的權利，就可能危及到日後的人際關係，其導致的不良影響有：

- 衝突仍無法解決。
- 挫敗與緊張於表面下慢慢沸騰。
- 焦慮和憤怒終究會爆發。
- 緊張會影響到業績與表現。
- 引發個人壓力。
- 個人會有指責與被害者心態。
- 貶低自我價值並感到無力感。

CASE
堅定而自信地面對問題

有個女孩 Judy 告訴我，她有個同事講話方式非常不客氣，很不尊重人，其他人對此情況只會說：「她就是這樣的人，忍一忍吧。」可是這個會肯定及維護自我的女孩態度則不同，她決定直接告訴那個同事：「我很喜歡跟你一起工作，也覺得能從你身上學到很多東西，不過我希望你以後跟我講話時能改變你的語氣，因為你說話的語氣讓我很不舒服，我覺得不被尊重。其實你可以多說『謝謝』、『麻

選擇性的自信

在某些情況下，擁有自信，大聲說話，是輕而易舉的事。如果要表達自己的真實感受，面對一個外人比面對與你熟識的人要來得容易得許多。就好比說，你不可能把氣出在老闆身上，你只能將不滿發洩在下屬身上，誰叫老闆握有可以開除你的大權？殊不知，面對對我們越是重要的人，才越應該表現出自信去得到他對你的重視。我從教練的經驗裡發現，許多經理人搖擺於兩個極端裡：當我比其他人更有權力時，我的態度就變得很強勢；當我權力不大時，我的態度就會較順從。

真正的自信是指，你以一種清楚、尊重他人的方式，去溝通你的想法、觀念，想要的需求。即使面對的人是上司、客戶、消費者，或是父母，你都不須靠權力頭銜來撐腰就能表現得很有自信。真正做到不管自己的身分層級為何，都能重視自己與他人的需求。

- 如果你有合情合理的需要，你會尋求幫助。
- 你以適宜的態度去紓發自己的怒氣。
- 當你感到困惑時，你會發問。
- 當你覺得想這麼做時，即便與人意見相左也仍會堅持自己的選擇。
- 在會議中，你常發言表達意見。
- 當你不想做某件事時，你會說「不」。
- 你與另一方進行溝通時，會取得一種令人滿意的均衡。

煩你』或『我需要你的幫助』這樣的話，就會讓人感覺很舒服。」這個女孩選擇迎面處理問題，在於她明白自己的需求應該被尊重，她不但沒有挑釁對方，反而以很客氣且尊重他人的方式去說出她的感受以及改變的方法。

為自己發言時該注意的事

決定當個有自信的人時，也需要考慮到身邊其他人的接受力如何。儘管很多人都會為你的自信改變而報以正面態度回應，但仍可能有些人會不能適應你的改變，於是有所反彈。舉個簡單的例子來看，傳統上我們的老闆或父母會希望自己的部

屬或孩子要「聽話」，因此你總是逆來順受，當你冀望有自信的行為來改變自己時，這些人可能就無法接受你怎麼突然「不聽話」了。如果你為自己發言，在他們聽來變成一種反抗的挑釁，挑戰他們的權威，這些人反過來口出惡言讓你難堪時，你就得對自己的決定先三思而後行。如果你評估這時候為自己發言是行不通時，不妨先考慮其他方式，例如書寫或找人傾訴等紓壓途徑，來調適自己的心情。

許多人就是這樣發展出自己的另類療法，好似一種間接的對抗，雖然他不直接堅持自己的立場，也沒有要挑戰對方權威的意思，但他會繞著對方打轉，慢慢地以別的方式去達到他想要的需求。我極力主張你一定要學習讓自己更有自信，因為這是人類發展的一個健康狀態，也能融合出更值得尊重的一種關係，尤其對那些生活或工作在多元化社會裡的人來說，是更需要去學習的人際相處。

如果你有意讓自己嘗試自信的溝通方式，要記住，其他人已經習慣你原本的樣子，當你改變你的溝通風格，一時間旁人難免會不知所措，因此你不妨找個平和的時機，直截了當地告訴他們你希望改變自己，然後用以下方式去主張自我：

1. 直接告訴其他人你想嘗試去做些什麼。

「我想告訴你一件困擾我很久的事。我一直提不起勇氣告訴你，但我現在要訓練自己的自信。我希望你先聽我說完再回覆我。」

2. 用下列方式表達自我：

- 當你做……（描述這項行為）
- 這個影響到……（描述這項行為是如何影響到你，使用字眼：我覺得、我需要、並不是你惹我生氣）。
- 我希望……（描述你要什麼）。

　　例如，「我要告訴你一件事，希望你能先聽我說完再做決定。今天吃午餐時，你帶來的食物多到讓我吃都吃不完，昨晚在餐廳點菜時也是，你點太多道菜了。這使我感到有些沮喪，也有點生氣，因為你好像要破壞我的減重計畫。我覺得你好像不在乎我希望擁有健康生活形態的目標。雖然我明白你給我好吃的東西正是你表現愛我的方式，我也不會將自己的飲食計畫硬要套在你身上，然而，我現在要求你別在這段期間拿食物來誘惑我了，如果你願意支援我，並給我鼓勵，我會很高興的。如果你無法這麼做，我也能諒解，我會調整我們見面

的時間，只要避開用餐時段就好了。」

再比如，「老闆，我想要跟你討論一個問題。我發現這有些難以啟齒，不過還是希望你能給我個機會讓我說明。我知道你每天的會議行程都排得很滿，你恐怕只有在下班後才能喘口氣吧。然而，當你在快下班時才交辦工作事項，使我壓力變得很大，因為我無法趕在下班前完成，以致於常常加班，這個月已發生十次了，而這已經影響到我的家庭生活了。我想問我們能否來討論，看要如何調整工作流程，讓我們能工作得更有效率。」

二、有效的情緒管理（Effective emotion management）

It is not what happens to me, but how I handle it, that determines my emotional well-being.

重點不是發生了什麼事，而是我如何去處理它，這決定了我的情緒狀態。

我很喜愛這句肯言，讓我從被自己情緒所控制的狀態裡釋放出來。我學到我能決定自己的情緒狀態，我學到接受一個人有情緒是正常的。**情緒是要去處理而非去控制**，處理的基本原則是：一不傷害自己，二不傷害別人，三不傷害公共財物。

你是如何處理自己的強烈情緒？

• 你是否有好好處理情緒，還是任由強烈的情緒來控制你？
• 你是否具有洞察力並考慮到你的人際關係，或者你容易被自己當下的情緒牽著走？
• 你是否會處理憤怒、沮喪、被拒絕、沒面子、自尊受損、恐懼，和擔憂的感覺？
• 你清楚自己的感覺，並會用自己的方式去滿足自我實現，或者你讓情緒來控制你的行為？
• 你是不是常發飆，或常衝口說出最後會令自己後悔的話？
• 你的情緒是否常失控，以致於你事後總後悔自己不該說過或做過那樣的事，去傷害到自己與對你重要的人？
• 你是否管理自己的情緒，使你能夠和他人相處有效益？

人有情緒是正常的

在我的教育背景裡，沒人教過我該如何有建設性去表達自己的情緒，只知道擁有過於強烈的情緒是不好的，一旦情緒爆發就會傷害到人我關係。我也從未學過該如何處理別人強烈的情緒，只知道要去避免這種事發生，要去壓抑情緒。往往我以為已經能好好克制自己的情緒，然而，它卻在我無法預期之處，以料想不到的方式，爆發。

不知你是否遇過這種情況，與朋友在餐廳用餐時，服務生不小心將飲料潑到你身上，你的反應是如何？或許你會嚴厲斥責服務生弄髒你的衣服，可能會要求這家餐廳賠償損失，你整天的心情都因此變得很糟。要知道，即便意外插曲已經發生，只要處理的方式不同，你也可以整天都不受它影響的。

很多人會建議，我們應該要避免情緒化。我認為這個說法並不恰當，我們應該要接受人有情緒是正常的事，只不過因為情緒會影響接下來一連串行動，所以當事情發生後，要學著接受且不埋怨，並在發現自己變得情緒化時，加些理性思考進去，去學習處理情緒，而不是一昧的壓抑與控制。當情緒來臨時，你可以嘗試下面的做法：

1. 當令人不愉快的事發生時，就坦然接受它。不要先責怪別人。

   你就算是責備或嘟嚷著：「我今天怎麼這麼倒楣。」都無法將時光倒轉，讓一切回到沒發生過的狀態。

2. 決定你該如何去處理它，你是有選擇的。

   你可以一直惦念這整件不幸，或者可以忽略這個損失（多數時候是暫時性的），並且繼續享用你與朋友的晚餐。

三、選擇同理心對待他人

• 對於他人的感覺有感同身受的能力。

• 認真聽並留心於言語外的線索。

• 尊重他人的感受。

• 表現出你對其他人意見的尊重。

   如：「如果我這樣做的話，你覺得呢？」「如果我不那樣做，你覺得呢？」

漣漪關鍵練習
適宜地表達負面情緒

- 別用行動告訴別人你在生氣。
- 別過於戲劇化。
- 別等到事情已發生，也別等到忍無可忍。
- 別責怪或埋怨他人。

  如：「我忘了截止日期，都是你的錯。」「你害我遲到的。」
- 坦言自己的感受。

  如：「我覺得不耐煩。」而非「這實在很可笑。」
- 適當的宣洩方式。

  如：捶打枕頭、深呼吸三次、散散步、運動。
- 對自己的情緒負責。

  如：「我感到忌妒。」而非「你讓我吃醋的。」
- 將個人與情緒分開。

  如：「我感覺到一股憤怒。」而非「我很生氣。」

漣漪關鍵練習
為負面情緒找到適當的發洩途徑

當你經歷負面情緒時，問問自己以下這些問題。不妨將這四個問題放在明顯的地方，每當你快到情緒臨界點時，理性的提醒自己找到一個適當的發洩途徑。

我現在的感覺如何？

這是一個健康的感覺嗎？

不是的話，那麼我想要的感覺是什麼？

在能力範圍內，我要用什麼方式來幫助自己感覺更好？

- 留意自己的需求對他人的影響。
- 自問以提高意識感。
  如:「那個人的感受是怎麼樣的呢?」
- 將情緒與感受,以及掌握知識與任務,放於同一水平上。
- 別設立雙重標準:只對上司或顧客體貼,對部屬或送貨人不禮貌。
- 別宣判他人的感受是錯的。
  如:「你太敏感了。」「你這樣想是不對的。」

四、有意識的生活方式

渾渾噩噩的生活不值得去過。——蘇格拉底

The unexamined life is not worth living. —— Socrates

這句話的意思是說,如果你不曾檢視自己的人生,你就無法確定自己想要的生活是什麼;如果你不常去思考自己的人生,不常激勵自己朝更高的目標邁進,那麼,你目前的生活實在不值得過。

人不能活在無知裡,唯有去認識自己、提升自己的意識與覺察能力,知道自己想過的人生是什麼模樣,你的生活才會自然朝此方向走,而不會如無根浮萍般隨波逐流。你的生活是通過對自己認識有多深而去做選擇,因此,你要更有意識地去審視為何自己要做出這些舉動?去分析行動的背後動機,去了解行動除了影響自己,是否也波及他人?

我想成為一個怎樣的人?

我想要如何過自己的生活?

我想為自己的生活做些什麼?

什麼能使我快樂?什麼能帶給我喜悅?什麼能讓我滿足?

我想達到的目標是什麼?

我願意去做為了達成目標的事?

我願意為了達成目標而不惜代價?

常見的情緒管理問題	被激怒的當下，如何控制住自己的情緒不發作？
有建設性的自我談話	我完全能夠處理自己的情緒，我選擇不受他人負面情緒的影響。 不管別人如何無禮，不管別人如何攻擊我，我都以平和的心態對待。我被激怒就表示我失敗了。
建議方式與說法	1. 你的情緒完全在自己掌握中。 2. 情緒每個人都有，問題是你怎麼處理它。對方攻擊你，但要激怒你還需你的同意才會有這樣的反應。面對攻擊的行為，你會被激怒；但另外一個人可能選擇不同的回應方式，他也感受到被攻擊，可是他意識到自己有選擇： A. 以同理心來看待此行為。對方如此的攻擊行為，表示他心裡是非常不舒服或處於很大的壓力之下。 B. 對方的攻擊性行為不是針對我。不管面對的是誰，對方也還是會這樣，因為他是在發洩自己的不滿。

你是否問過自己這些問題？還是你認為生活就是這老樣子，不用想太多？

有意識的生活簡單地說就是，過得更有知覺些。更有知覺於你想過的生活、你要的理想、你要的東西，以及你要成為的人。你現在的作為，是將你帶向還是帶離目標區呢？當你在思考時，別陷入一個盲點，以為自己找到答案就會得到幸福。

人生並不會因為你還沒找到答案而停頓，也不要因為看不見答案就放棄生活。重

面對客戶突如其來的抱怨時，如何安撫對方的情緒及處理自己因委屈引起的情緒？

面對情緒化的客戶時，我以關心平和具同理心的語氣，很快的就安撫了客戶。這是我的獨特貢獻。

1. 以同理心來理解對方的不滿。換個角度思考，如果是我的話，我會是怎樣的？接受和認同對方的不滿。「我很抱歉，這問題給你帶來這麼多的麻煩和擔憂。如果我是你，我也會不滿意。謝謝你讓我知道。讓我正確的了解情況。我的名字是 Anne，對這事情的處理過程有什麼需要，請你直接找我。」
2. 現在不是追究誰對誰錯的時間。
3. 處理自己的委屈。請看上一題「被激怒的當下，如何控制住自己的情緒不發作？」

如何避免被上司的情緒影響？

我選擇自己的快樂，我不受別人的負面情緒影響。

上司和我一樣都是凡人，都有情緒的起伏，我以體諒的心態來對待這情況。他不高興並不一定和我有關。

其實，不管對方是誰，對方的地位權力比你高或低，處理自己情緒的方法都是一樣的。

1. 接受自己有情緒反應。
2. 選擇你要如何去展示情緒：調整自己的認知、找個合適的釋放方法、主動反饋給對方，協商新的共事方式。

點在於，不管你現在處於哪個人生階段，都要不斷地檢視並創造你生命的意義，選擇過個充實的生活。

生活是一個不斷進展的過程，我很喜歡我朋友 Peter Reynolds 寫的一本書《北極星》（*The North Star*），生動感人地描繪關於一個男孩如何找到自己的路的故事，故事的尾聲寫著：「北極星不厭其煩的閃耀光芒，提醒著他旅途的方向，這是他

的個人旅程，一個獨特而美好的旅程。一個開始。」

我們的人生就是要不斷去了解自己，認清自己的貢獻在哪裡，經過一系列思考來認識自己的盲點而成長。

 CASE
優勢：有它為什麼不用呢？

在職場中，優點（Strengths）有被充分地詮釋嗎？當我最近在上海主持正向領導力研討會時，曾經遇到過對「優勢運用」（strengths-approach）的挑戰。

「這評估根本不能告訴我自己的弱點，它只提出了我的長處。如果我不知道自己的弱點，我又怎麼能夠改善呢？那評估又有什麼作用呢？」陳先生（化名）在後排叫嚷起來。陳先生和他的同事們都受過良好教育，在一家北歐船務公司任職高級經理。同樣地，他們都對那份沒有提供弱點分析的VIA報告感到懊惱。

陳先生的頭五項長處是：公正（fairness）、真實（authenticity）、仁慈（kindness）、愛心（love）和謙遜（humility）。他感到有點不明所以，因為報告中他的優點和現實的他有點差距。大家都認為他是一個急性子，容易與客人有爭執，他亦明白到自己最大的缺點是不能控制好自己的脾氣。

VIA性格評估最重要的貢獻並不是長處評估，而是後期的整合和改善過程。經過評估後，一個好的分析能令參與者完全了解自己的優勢和怎樣更好地運用它們。Marcus Buckingham的著作《*Go Put Your Strengths To Work*》提供了很好的可以實際運用優勢的方法。

我採用了以下的問題來引導陳先生：

Ming：你有多認同這些優勢呢（公正、真實、仁慈、愛心和謙遜）？

陳先生：公正、真實和謙遜肯定有，但我不認為自己十分友善，至於有愛心就更不可能了。

Ming：很有趣呢。那份評估的結論來自你的答案。讓我們探討一下吧：在什麼情況下你會表現出仁慈和關懷？你會對誰表現你的友善？我們在生活中會扮演不同的角色，我們也會因此而有不同的表現。可能你在飾演某些角色時會展現較多的善意？

陳先生：是的。我對太太和女兒都很好，對朋友也十分友善；但在工作中卻不是這樣。我又怎能在工作中友善呢？我們需要努力爭取生意。當客人變得不可理喻時，我不會像一些被動的同事，我會反擊。

Ming：從這故事中，我看到你性格裡頭的公正和真實了。當你感到不公平時，你就可能會和其他人有爭拗了。那當你友善時你是怎樣的？

陳先生：我可以容忍，體諒別人，亦樂意聆聽。就像與女兒相處的時候，我會變得有耐心，願意傾聽和容讓。

Ming：好！那我們試試下一步吧。拿你較易和客人爭論為例吧，你能夠怎樣運用你的五項優勢於其中呢？

陳先生：公正會確保我可以平衡客戶和公司的需要。是的，我明白了。與其和客戶爭論而破壞雙方關係，我可以利用我的友善和同理心：我可以有耐心地聆聽客戶的需要，即使他們不對，我也可以表現得較謙虛。若是在以前，當我感到不公正或不合理的時候，我會立刻發作。

Ming：好像你已經找到方法在日常生活中運用你的優勢了。下次請你告訴我在工作中這方法行不行吧。

陳先生三天後寄了一封電郵給我。他幾乎又和客戶爭論起來，但在發作之前，他剛好記起要運用自己的仁慈和同理心。因為他能夠聆聽客戶的需要，明白他們的看法，從而很快地解決了矛盾。他後來收到了那客戶寄來的一個大大的「多謝」。

陳先生很早便知道自己的脾氣問題，但傳統的「缺點導向作法」（deficit-approach）卻只能使他的煩惱惡化。他嘗試了許多改善辦法：學習忍耐，學習從他人的角度出發考慮，壓抑脾氣，運用放鬆的技巧，但都是徒勞無功。終於，他利用自己的優點，付出最少的努力便成功了。

人們可以在「可改變的東西」（changeables）上做出改變，但最有效的方法卻是適當運用自己的特性。

幾個月後陳先生與我分享他的成果。通過運用自身的優勢，幫助他改善和客戶的關係。陳先生和他的客人現在是站在同一方，而不是從前的對立面。這使得他的工作變得更有趣和有意思。我問他能否分享一下他對「優勢運用」的心得，他說：「既然擁有這些優勢，為什麼不用它呢！」

05. Be authentic
展現真實的我

I speak my true feelings with love. It is safe for me to be honest with myself and others.

當我帶著愛來談論我真正的感受，這種真誠的交流對我自己和他人都是安全的。

Truth and honesty are the foundation of my authentic life.

真相及誠實是我真實生活的基礎。

迷思

人生是一連串的妥協、犧牲、碎裂及被分割狀態下的生活方式，戴著各種面具，任由社會期待你扮演的角色來支配你的選擇。

CASE
勇於表達你的感覺

在深圳蛇口的一個專題研討會上，參與者被分成三個小組，並且被指派完成同樣任務。我預先告知各組的領導者去展現不同的領導風格，其中包含了一個權威、堅持己見、喜歡處處掌控的領導風格。參與者報告任務執行情況的時候，所有的參與者皆提出了關於團隊合作以及領導者所展現的優秀統馭能力等一般標準答案。當參與者仍然著重在如此表面的討論層次，我心中急著想要用一些方法，引導他們發自內心去做更深層次的探討。假使我無法達到這樣的目標，整個練習就白費了。於是，我決定以沉默來表達我嚴肅的態度，等待更多的回應，並且引出更多的意見。我以眼睛注視著在場的每一位，希望能察覺出一絲閃現的火光。最後，我發現小林似乎十分猶豫地想說些什麼，在我的鼓勵下她終於發言。首先，在勇於表達她個人對活動的真實感想前，她一再向小組成員，尤其是領導者致歉。「事實上我的心中感到有些不快，即使我們最後完成了任務，我卻一點也不覺得有趣。除了小組領導者要求我去執行的，我能做的幾乎不多。一開始，我對將拼圖組合起來，感到十分地興奮。但最後我卻無法從遊戲中得到樂趣，因為我感覺受到限制。」

當她說到這裡，我鬆了一口氣。我們當中的許多人，並不懂得用正面的方式來認知自己的感受和經驗。因為其他人都沒意見，所以我們告訴自己，自己的感覺是不重要的、只不過是過度敏感、只是自己個人的特殊感受，或者是自卑感作祟。雖然那次活動的目的，是在探討不同的領導風格所產生的影響。然而，參與者卻對於討論如何展現真實的自我更有興趣。假使小林不分享她個人真實的感受，整個活動可能就白白浪費掉了，也沒有人能從那珍貴的兩小時中，學習到任何東西。對小林來說，談論她真實的感受（她是如何經歷此事件），是對展現真實自我力量的深切體悟，更因此對她自己和其他人，貢獻了真正的學習經驗。

何謂真實？

在我所涉獵的書籍中，不論是美國或西方社會的觀點，都強調勇於展現真實。而在我輔導華人的經驗當中，不論是來自香港、中國大陸、馬來西亞、新加坡或臺灣，大部分的人都認為，展現真實面是一種幾乎無法到達的理想，甚至還很難將其視為一種理想境界。他們認為誠實是一種絲毫不被考慮的荒謬概念，人生是一連串的妥協、犧牲、碎裂，以及被分割狀態下的生活方式，戴著各種面具，被社會期待扮演的角色支配著你的選擇。

活在這種現實狀態下的人們，會過得很辛苦。這群人相信：人之所以被接受，並不是因為做真實的你，而是成為他人所期待的你。於是，終其一生的努力只為了當個「你應當成為的樣子」，遵從文化和大環境所支配的傳統及期待，並且生活在他人為你所寫的劇本中。

只有少數的人能幸運地展現真實的自我，這通常純粹是因為他們天性如此，或者

實現真我的過程
遵從、自主、集中、整合
Conformity–Autonomy–Centering–Integrating

我們在成長的過程中逐漸成為遵從者，學習那些幫助我們在社會中能妥善處世的規則。社會規範模塑我們的生命，我們形同社會規範下的產物。曾幾何時，我們不再甘願照著他人給的劇本來生活，而開始邁向一個創造的旅程。我們撰寫屬於自己的人生劇本。從碎裂、糾結、衝突的生活中，我們捨棄約束的規範，留下其長處及有益的習慣。於是，我們開始擁有一個自己遵從的價值觀念的核心及優越的洞悉力。我們並未與原來的生活脫離，比起以往，我們甚至會對生命有更多的參與感，因為我們很清晰地了解人生目的何在。活在自主而非他人所期許的狀態下，不但實踐了生命的自由，也自在地成為你自己，一個真實的你。

真實是指不論你所想的、所說的，以及所做的行為都呈現出和諧的、表裡一致的狀態。

是成長背景使然。這些人經歷了從遵從到自主的成長過程，超越了早期對於他人觀感的關注，改以專注於成為自己所選擇的樣子。

九個關於真實的元素

一、自主、簡單、自然（Spontaneity, simplicity, natural）

我觀察到由全是歐美人士和全是華人所組成的課堂形態之不同。身為團體的引導者，我不需要催促歐美人士勇於表現自己並且發表自己的想法。面對華人所組成的團體，我通常必須提醒：

A. 設定可以自由發表自己意見的規則。

B. 引導出他們真實的感受和想法。

C. 營造一個不可指責他人的安全環境。

當參與者以自主及不矯飾的態度來參與時，研討活動總是辦得很成功。從引導者或輔導者的角度來看，這樣不但能省時省力地探觸議題的核心，整個過程也會是容易帶領的，並且具有吸引力、是有效益的。由於我們的互動是處在一種真實的層次面，對於參與者來說，顯露真實的自己，就能學到真正對自己有用的東西。如果過度擔心及分析他人的想法，通常會耗費時間和力氣來分辨不同層次的保護面具，因而使溝通出現不必要的複雜度並缺乏效率。

二、個人風格的關鍵？（Key to personal branding）

一個有吸引力的人通常是因為他展現出自己的真心和靈魂。和我合作的案主通常會徵求我的意見，在管理階層中找出具有高度潛能的人。經由數天的大規模團體活動接觸這些經理人，我總是比較容易記住那些具有個人色彩、並在互動中展露真實自己的人。或許他們不見得是「最聰明、最乖的學生」，卻因為敢於發自真實的內心來做溝通，而使我印象深刻。當我們以真實的自己來運作，表現會是最好的。

當我剛開始成為一位教練時，我試著扮演自認為案主所期待的角色。我掉入了以為案主會喜歡聽到安全穩當的提案的陷阱中，反而不分享我真實的想法和意見。

或許基於安全穩當的選擇能使我接到案子，但這卻讓我對這份工作失去了熱忱和樂趣，因為我無法在執行工作中展現激情與創意。很幸運地，我遇到一位案主給了這樣的建議：「對一位總裁而言，我需要一位教練能告訴我，我所不知道的事，拓展我的想法並且超越現在的狀態。而不是告訴我，我所希望聽到的。」

三、釐清目的（Clarity of purpose）

展現真我的人，並不會從批判的心態來執行任務。他們不會不停地拿自己和他人比較：「我是否比誰好或差？」「我是否比誰有錢？」要做比較時，他們只會和自己比較：「我是否比昨天的自己更好？」「比起上星期，今天的我，是否更接近目標？」

他們常問自己，什麼是自我主張？我能改變什麼？我對這世界能有什麼貢獻？我要如何去影響其他人的觀點來執行任務？他們不會自卑、謙虛、或矮化自己。他們根據自己的價值判斷來執行任務，不會過分在意別人對他們的評價。

展現真我的人能清楚地了解自己的人生目的，並朝著自己的目標前進。當你清楚自己的目標，你會發現自己不再關心別人怎麼看你，因為你正忙於專注在那些使你更接近你的目標的事情上。

四、誠實（說出真相）（Tell the truth）

——對自己坦白——

有次我在長途飛行中看了一部輕鬆的愛情喜劇《婆家就是你家》（*The Stone Family*）。這是一部關於美國家庭和成年孩子慶祝耶誕節的電影。劇情中，最年長的兒子第一次帶著個性拘謹的未婚妻回家過節。除了這長子本身，家裡的每個人都認為這女孩並不適合他，並且處處為難這女孩，讓她手足無措。有天晚上，這長子的父親對老伴說：「你知道嗎？我所擔心的並不是這女孩不適合我們的兒子，而是我們的兒子不清楚自己想要的是什麼，只是做著他認為應該做的事，卻不是依從心裡所發出的聲音。」

誠實地面對自己以及生命裡的每一個人，面對那些在你生命中所行不通的事，並

且停止製造藉口。承認與接受（Acknowledgment），意即停止活在謊言、否認以及防禦裡。你要先接受自己負面的行為。誠實、對自己的行為負責，是邁向自我實現的基本元素。與其去討好別人，說別人想要聽的答案，只為了讓自己被人接受，不如傾聽自己內心深處的答案，那將更能觸及自己內在的本質。

——對他人坦白——

我有一個朋友，同時有兩個女友，交往持續十八個月。這兩個女友彼此並不知道對方的存在。我朋友認為，他與第一個女友的關係已經結束了，他用諸如：工作很忙、沒心情見面、不舒服等等各種藉口，試著疏遠她。

當他剛開始和第二個女友約會時，第二個女友曾很直接地問他目前的交往狀態，他說自己目前並沒有和任何人交往。

接下來的十八個月中，他不停地說謊，有時候他說了部分真相，有時候則說些好聽、善意的謊言。他不停地製造謊言去掩飾前一個謊言。例如：當他和第二個女友出外旅遊時，他告訴他的前女友，是和家人（謊話）一起去度假（真話）。

從第一個女友的立場來看，他們沒有明確分手，正式結束（closure），仍算交往中，只是他花越來越少的時間和她相處。她自然也感覺彼此關係遇到了困難，但向他提出疑問時，他卻沒有勇氣告訴她實情。事實是，他不想再和她交往，反而說是女生太過敏感了。他怕提出分手會傷對方的心，卻不覺得他的背叛和欺騙行為其實已經傷害到人了。假使不是他的第一個女友主動地要他正視兩人關係的狀態，他可能會一直說謊下去。

不論後果為何，說出真相。他因為擔心會造成太大的傷害而不敢對第一個女友說出真相，又因為害怕第二個女友可能不願再和他交往，於是選擇說謊。最後，他傷害了每一個人。

誠實地面對自己的感受，為自己行為負責，不責怪他人。當問題出現時，正視它。如果他覺得不愛第一個女友時，他應該承擔責任並處理分手的議題。他也同時欺騙了第二個女友，這使得雙方關係建立在不誠實上。或許真相會傷人，但這終究是代表著對他人的一種尊重，因為真相公開，其他人才可以根據這些訊息，去替自己決定要如何處理眼前的問題。

說出真相的九大理由

1. 說出真相讓大家知道真實發生的情況，這樣能減少誤會、困惑或衝突的機會。
2. 說出真相能使問題浮出水面，獲得解決。
3. 說出真相能防止無辜的人受到指責或被懲罰。
4. 說出真相能讓每個人從事件中學習。
5. 比起說謊或被逮到說謊，說出真相通常會使你陷入較少的麻煩。
6. 說出真相會使其他人更加信任你。
7. 你不需要說更多的謊言來圓謊。
8. 誠實是多數人所珍視的特質，你的誠實會受到別人的欣賞。
9. 說出真相會使你感到內在的安全及寧靜。

五、表裡如一的誠信（Integrity）

一位經常在中國行商的澳洲案主告訴我，他曾經認為中國人毫無誠信可言。我覺得這樣的說法過度嚴苛，所以要求他再做些解釋。對他而言，誠信是指「你所想的，你所說的，以及你所做的，都呈現一致的狀態。」然而，他所遇到的人都不說實話，心裡想 A 卻告訴他 B；不同意時，還是回答「好」；或者當他們回答「沒問題」時，事實上卻有許多考量。我可以理解他的想法，他意思是指「表裡不一」，「口是心非」的做法。

外國人傾向直截了當地溝通，而非心裡有想法卻不直說。也許中國人偏好含蓄的態度，或許是不想讓對方感到窘困，因而不直截了當地表達。然而吃虧的是，因為缺乏直截了當的表達意願，也就從未發展出直接的表達技巧。等到我們嘗試著直接表達時，卻表現得十分笨拙，以致於整個過程造成自己和他人的痛苦，就如同一場災難。因此我們必須學習的是：

A. 重新建構「直截了當的表達是 OK」的信念。
B. 學習適當的方法，做有效的表達。
C. 靠著練習而成為一種習慣，讓表達變得更自然。

在我的教練生涯中，讓我有能力去執行跨文化（東方vs西方）的關鍵乃是，我有能力在需要真實和坦誠的場合下，表現出來這樣的行為。當然在某些場合中，含蓄也是有用的，但身為二十一世紀的全球公民，必須學會直接告知真相。給予誠實的回應，是一種對他人尊敬的表現。尤其身為教練的我，更是必須指出學員的錯誤或壞習慣。誠實能幫助一個人看清他的盲點，如果我不這麼做，反而是害了他們，導致他們的失敗，妨害他們達到最好。

六、成長的選擇與害怕的選擇（Growth choices vs Fear choices）

人們無法真實地展現自我，根本原因在於恐懼。這樣的情形出現在我們工作及私人生活中的每一天。當我自己陷入這樣的情境時，我發現有個方法十分有用，那就是問自己：「如果我不害怕的話，我會怎麼做？假使我不恐懼，我的反應會有何不同？」

假如把生命看成是一連串的抉擇，展現自我就是使我們成長的決定。通常我們必須在成長與安全、進一步或退一步中做選擇。每個選擇都有其正反面效應，選擇安全的方向讓我們歸屬在熟悉的狀態下，但卻存在停滯於原地的風險；選擇成長的方向則是放開自己去迎向新的挑戰經驗，但風險是必須面對失敗的可能。

七、整體性與自我接納（Wholeness and Self Acceptance）

展現真我的人們傾向於全面地看待事情，接納自己和他人的優缺點。他們不會因為一個衝突而否定全部的友誼，也不會因為一個缺點而抹煞所有的長處，他們會明智地去評論一個人：「因為他犯了無心的錯誤，所以難免認為他不夠優秀。可是他與別人互動的優秀能力，是否也該因此被否定了呢？」

擁抱自己的長處及弱點，能讓我們變得更有包容力、更客觀地做出評斷。接受一個人的全部，不是要求他去證明他的價值所在，也不是為了博取他的重視和信任。我們不要求一個人必須是完美無瑕，且允許他人做真正的自己、展現出最佳的自我。

八、獨立思考（Critical thinking）

你是否曾經收到電子郵件是關於抵制某項產品，或者某種令人難以置信的優惠活動？你是否將這樣的信件轉寄給其他人？還是你主動地先向可信的來源求證其真實性？當一位同事私下傳播關於其他同仁的流言時，你是否聽信並且把流言當成真相看待？還是你未加求證流言內容就直接再傳遞給其他人？

──流言──

你是否事先調查資訊來源的可信度？你是否主動地確認事實和證據？你是否主動地制止流言的傳遞，並且經由自己的組織判斷而做出結論呢？我相信大家都知道人言可畏。流言就是這樣傳開的，有些人因為流言而被貼了一輩子標籤。

──順從、追隨、依賴他人──

中國人的文化教育並未鼓勵我們去發展必要的分析思考模式，我們被規定要聽從「權威人物」像是：父母、老師、祖父母、村裡的長老、上司，任何在層級上輩分較高者，以及工作中年資較長的同事。假使你是雙胞胎中年紀較小的，你理當聽從早你兩分鐘出生的兄長意見。不僅這樣，我們還被制約地相信事情總有個對

漣漪關鍵練習
從小地方開始發展自己看法的建議

- 自己點菜。不要說「隨便」。（建議不要讓其他人替你點菜）
- 給他人點菜的建議。
- 塑造自己穿著風格，而不只是選擇當季流行的款式。
- 買些旅遊書或上網，研究規畫屬於自己的旅行，不要跟團。
- 養成做評論的習慣，如評論電影、唱片或事件的摘要。（列出你喜歡和不喜歡的地方各三項）
- 使用下面的腦力模式去分析情況和事件：「贊成vs反對」、「原因vs結果」、「起因vs症狀」、「最好的情況vs最壞的情況」。

的答案，而某人必定知道這個答案。服從，成了種令人滿意的行為表現。

我記得在澳洲念高中時，第一堂英國文學課，老師給了學生一項作業，寫一篇《德伯家的苔絲》（*Tess of the D'Urbervilles*）的書評。我在圖書館搜遍資料，卻找不到一個正確答案。其實這種作業是沒有正確答案的，原來老師是想知道我的想法和意見，他希望能了解我的邏輯思考方式，以及我的表達能力是否清晰和具備說服力。

—— 勇氣 ——

表達自己的意見需要勇氣。然而，如果以嘗試的心態去表達自己，則會覺得簡單多了。嘗試之後，這個方法有效或無用即見分曉。我認為事情沒有對或錯，只是在解決方案上及成果上有差別而已。我們必須克服害怕失敗的心態，從錯誤和失敗中學習，下次才會做得更好。如果我們能鼓起勇氣去發展自己的分析思考方式、展現真實的自己，在實際的表現中就能夠帶出更大的貢獻，而非僅是把自己的角色限定在執行而已。

給父母／老師／主管一個建議：如果你有不客觀批判的習慣，而且是以黑白、對錯（通常你是對的一方）的方式表現，這會使你的孩子、學生、部屬，很難以真實的自己來面對你。

九、不受文化與大環境的規範（Independence of culture and environment）

我所遇過展現真我的人，都不會被文化的傳統或環境所束縛，他們不被社會角色的規範所局限。重要的是，他們凸顯了個人的特質，而且保留了文化與大環境的長處，並非放棄了他們的文化及社會根源。

人本主義心理學之父馬斯洛（Maslow）的需求層次理論（Hierarchy of Needs）提出，實現自我並發揮個人完整的潛能，是人類共通的需求。當我們致力於展現真我時，我們就已經開始實現自我的旅程。

謝謝你愛我

談到做真實的自己，在兩性關係中是否能夠做真實的自己？談過戀愛的人該記得

展現真我的障礙（Barriers to being authentic）

- 不希望觸犯他人。
- 不希望被認為是在批評別人。
- 不願干擾現況。
- 怕傷害別人。
- 要做好人。
- 其他人（集體的我們）一定是對的／比我更好／更明智的。

- 其他人一定比我更聰明，更有智慧。
- 尚未準備好面對自己。
- 不接納自己／對自己不滿。
- 執著於每件事只有一個答案。
- 執著於一定有正確的答案。
- 關於我自己的東西，沒什麼好講的。

展現真我並非……

（換言之，不是真我的表現）

- 當你不懂時，卻裝懂。
- 當你不同意時，卻說同意。
- 當你不同意時，卻不說不。

- 過度激動下的發洩行為。
- 只要我喜歡，就我行我素。

剛開始認識對方時，雙方都努力展示自己最好的一面，心中一直擔心對方知道自己真實的一面或真心想法時，還會不會喜歡我們。在一個親密和藹的兩性關係中，雙方都能夠展示最真實的自己。我所講的不是最放肆的自己。有讀者跟我說：「老師，我們每天上班都受氣，一整天憋著氣對身體不好，回到家當然要做自己、要發洩。」最真實的你就是那個充滿負面情緒、舉止不文雅、行為粗暴的人嗎？我希望我們為心愛的人展示的是最真、最善、最美的自己。

我一直覺得自己在愛情方面是很幸運的人。談過多次戀愛，結過婚，也離過婚。對以前的男朋友，我心裡充滿感激。與他們的交往讓我更認識自己，也豐富了我的人生經驗。我與前夫在一起十年，雖然是以離婚為結局，但我們的友情還存在，對彼此的欽佩還存在。我生日他會打個電話來問候。我們不常見面，但仍是彼此的精神支柱。愛情沒了，但特別的友情還在。沒有這些男朋友，沒有那段婚

姻，沒有離婚的經歷，今天的我不會懂得如何珍惜、如何快樂、如何溝通、如何讓自己與心愛的人每天都在熱戀中。

有人說吃虧是福。吃虧？愛情怎會吃虧呢？我最受不了的就是那些喜歡玩愛情心理戰術的人，女人也好，男人也好。他們有一套「馴夫」或「馴妻」法，把別人矮化成樣板人，好像每一個人都一樣，都能通過幾條規則來訓練，簡直是對人的一種侮辱了。你有戰術，他有對策，攻防之間，豈不是活該受罪？時常聽到利益、吃虧等辭彙出現在兩性感情的話題中。但是一個良好關係不僅是一個命運共同體，它更可以是生命共同體。在一段關係中不停地計較得到或是失去的人，我只能說他們經歷的不是愛而是交易。

以下是我的一些感言，幫助你營造以愛為基礎、充實而愉悅的兩性關係。

1. 敢於冒險

很多戀愛過的人都知道一些戀愛的「法則」──不要亮出你的底牌，別讓對方感到能夠輕易得手，為了贏下一局常常需要費盡心思。現在讓我們拋開這些毫無意義的陳詞濫調吧。要愛就要承擔風險。當我不再害怕受傷時，我停止以玩攻防遊戲的方式處理戀愛關係時，我找到了我的真愛。儘管我本人也需要克服被拒絕或者丟面子的恐懼，但我不再等著他來追求我。採取表白的最壞結果會是什麼呢？無非是他拒絕我，但我們依舊可以是朋友或者各走各的路罷了。最可怕的結果也就是這樣，並沒那麼可怕！

2. 真誠

沒有人願意被人操縱，特別是在愛的關係中。誠摯和忠誠是一段充滿愛和回饋的關係的基礎。為了取得別人的信任，我們首先要去信任別人，而非操縱別人。

3. 展現你最棒的一面

在一段關係中最大的享受，莫過於你的伴侶無保留地尊重你。對方接受一個完整的你，你的優點和你的缺點。在這樣的前提下，我們毋需偽裝，毋需戴上面具。不過這並不意味著我們可以肆無忌憚地在伴侶面前放縱自己最壞的一面。我們要

做的是盡量展現我們好的一面,並且幫助伴侶帶出他好的一面。

4. 性的重要性
很多女人覺得性愛是一種義務和例行工作。有些女人在做了媽媽之後就會逐漸沒有了「性趣」,她們的關注點全部落在「當好媽媽」這一點上,而不是做個很棒的情人。如果這是你對自己的定位,那麼你的丈夫或許會把你看成一位家庭成員,一個親人。

5. 做最真實的自己
一段美好關係的展開,只可能是參與者都能在其中展現最真實的自我。你能給予伴侶的最佳禮物,就是鼓勵他說出自己真實的想法,允許他「做自己」,儘管聽到真話的滋味並不好受。只有這樣才能營造心靈的親密感。如果你不能把握真實也不願學著聆聽真話,那麼你等於在推動你的伴侶對你說謊。如果一切都建立在偽裝或錯誤的表象上,想想看未來的旅程將會有多麼艱辛。

6. 吃虧是福
我不會用這樣的邏輯來思考。愛情沒有吃虧,沒有受害者。有吃虧的心態,就是覺得自己被別人佔了便宜,陷入在委屈的受害者心態。愛是一種選擇,愛是動詞,不是結果。當你選擇去愛時,你已選擇付出,不要執著於「我對他這麼好,他怎麼能夠這樣忘恩負義」。如果我們吵架了,我先說了對不起,並不代表我就吃虧了,它只是代表我意識到:爭吵對解決問題沒有任何幫助,只會帶來損害。

7. 愛自己
愛別人的前提是你得先學會愛自己,知道如何取悅自己。你是自己最好的朋友嗎?你知道如何跟自己相處嗎?一旦你了解了這些,就會知道如何成為你伴侶的朋友。我個人認為愛自己是一個很大的話題,有機會我非常願意分享我對「愛自己」的新解。

8. 感恩的心

一段關係中所有的起起落落都很有價值，都能幫助我們學習成為一個更好的人。不管兩人的緣分有多久，珍惜相處的日子。

如果你是真心珍惜與你伴侶的關係，我給你一個挑戰。口頭說句「我愛你」是個開始，但還不夠，你需要告訴你的伴侶「謝謝你選擇愛我」。有機會每天都對伴侶說這句話，這會提醒我們，別把對方給予的愛想成是理所應當的。以感恩的心謝謝伴侶選擇與你共度人生。

獨立人格

偶然的機會，與台灣中山大學企管系學生談到如何快樂的做自己。快樂生活的基礎就是能夠做自己，能夠自我表達，自我實現。

我的教練工作中，客戶時常會徵求我的意見，希望通過與他們公司員工的互動，觀察哪些員工有領導潛力，給他們人才發展計畫時作參考。有領導潛力的人都有自己的想法，有自己的判斷，敢對自己的想法與決定負責任。這種相信自己的信念，來自成長過程中是否養成獨立人格。

那如何建立獨立的人格，有自己的主見、風格、人生價值觀呢？因為太過在意別人怎麼看，主管怎麼看，同事怎麼看，陌生人怎麼看，我們不敢或不去做對的事情，或者根本沒有自己的想法。從小就被父母支配一切，從穿什麼衣服，挑什麼朋友，選修的科目，從事什麼職業，都要依照父母的方式做。在這種愛（管轄）的方式之下，我們會很乖，很聽話，但我們失去了自己，不知道自己要的是什麼，不敢做選擇，於是無法獨立，沒有自信。這種愛裡，沒有自由，沒有尊重，沒有犯錯的空間。漸漸地我們習慣了依賴權威，渴求被認同，迎合別人。如果沒有刻意的、有意識的去培養自己獨立的人格，即使進入社會，加入職場，這種慣性的依賴權威還會持續下去，通常都是無意識下展現出依賴、被動、沒自信的行為。

大學時代這個年齡段我們開始要為自己負責任，已經算是成年人了。我一直相信要養成獨立人格，就必須跟父母「切割」關係。所謂切割是指在成長到某一個階

段，脫離了以父母為主、為父母而活的操作模式。就是向父母做了獨立宣言：我不是父母的延伸體，我是一個完全獨立於父母之外的人。龍應台在《親愛的安德烈》書裡講到兒子安德烈向她做獨立宣言，兒子對她說：

「你跟我說話的語氣跟方式，還是把我當十四歲的小孩看待，你完全無法理解我是個二十一歲的成年人，你給我足夠的自由，是的，但是你知道嗎？你一邊給，一邊覺得那是你的授權或施予，你並不覺得那是我本來就有的天生的權利！對，這就是你的心態啊。也就是說，你到今天都沒法明白：你的兒子不是你的兒子，他是一個完全獨立於你的別人。」

我回想自己是否曾經也做了獨立宣言？肯定是有的。我中學時就夢想可以出國留學，主要的目的是可以離家體驗外面的世界、不同文化的生活。我高中的時候就自己報名參加AFS國際學生交換計畫，在澳洲跟那裡的一個家庭生活一年。大學時，我放棄修了一年的法律（為將來事業發展而念的學系），轉修語言學（依據自己興趣而讀的），我為自己未來的人生做了一個重大的決定。從此，我一切決定都不再徵求父母的意見。從結婚、離婚、買房子、去不同國家工作、離職、創業等等，我都是自己做選擇。

當時並不是刻意這麼與家人保持距離，只是有時候無法與他們溝通，也沒有足夠的溝通技巧來說服他們。我只渴望有自己的空間，自己去摸索去探險，因為我知道這是我自己必須走的路，所以把自己與他們切割開來。獨自一個人發展，跌碰，挫敗。也因為這樣，我爭取到發展空間，摸索自己的人生，做什麼樣的人，以什麼價值來定義我的人生。最可貴的是，這個切割帶來的距離，讓我能夠把父母視為獨立的別人，不單是從被管轄的女兒的角度看他們。我能夠清楚的看他們的優缺點，接受他們的不完美，接受他們是盡了他們的能力，以他們所知道的方式來愛我。因為隔離，我們更親近，因為我們現在的關係是互相尊重，成人與成人的交流。我現在對父母的愛是無包袱的，無內疚，沒有壓力的，是自願的想與他們親近。

如何培養自己的人格獨立性呢？

• 搬出來自己住，越早越好。不要從父母家直接進入兩人世界，先給自己獨處時

間，認識自己。自己的住處是培養美感、建立生活風格及品味的實驗室。

- 注意自己什麼時候「隨便」，懶得主動，都讓別人幫你出主意。
用餐時不要讓別人為你點食，不要什麼都「隨便」。即使大家一起吃，你還是可以建議點些你喜歡的菜餚。

- 獨自一個人去旅行，親自體驗外面的世界。不是那種跟團、一切都有人打點的旅遊。

- 我們時時刻刻都在做選擇，做或不做，面對或逃避，主動或被動都是我們的選擇。你的每一個行動，都是你創造獨立人格的一個機會。

06. Dealing with fear
應對恐懼

Whatever happens to me, given any situation, I can handle it.
無論發生什麼事，無論在什麼場合，我都能應付自如。

I speak and think positively. I listen to what I say. If I hear myself using negative or limiting words, I change them.
我的談話和思維都是積極正面的。我注意我心靈的聲音。如果聽到我用消極負面或狹隘的語言時，我立刻糾正。

迷思

1.很多人覺得勇氣就是沒有害怕、恐懼。

其實這是錯誤的想法，因為勇氣只是戰勝了害怕。

2.害怕對很多人來說，是一件壞事。

其實害怕只是一種訊號，告訴我們就快要離開熟悉的舒適區，它不是要我們停止前進，而是告訴我們要面對改變了。

CASE
怕做錯所以不敢提問

我有一位同事，膽子小，比較沒自信。工作很用心，但是非常被動，講話非常小聲，也不多話，許多人感覺她是個很難溝通的人。我寫這篇文章時，跟她談過，她列出自己的害怕：

——怕被人批評自己做得不好。

——怕自己不會做。

——怕自己做錯。

——怕自己講的話和話題無關。

——怕和陌生人無法溝通，怕沒有話題，所以不主動，等別人先主動。

——覺得自己沒膽量，很會自責。不敢做很多事。

這位同事和我共事也快三年了，她對我說：「明明知道你的人很好，好聲好氣的指出錯誤，不會亂發脾氣罵人，也不會懲罰人。可是自己總有一種害怕做錯事的感覺。」

她這種「怕」是很典型的行為，一般人在生活中、工作上都時常遇到。她怕做錯，所以不敢提問。不提問，就有可能產生誤解的情況，因為怕犯錯最後卻更容易出錯。她怕和別人無法溝通，故而採取被動的方式，等別人主動來跟她談話。可是當她開口時又因怕講錯話，所以決定少說為妙。於是別人對她的結論是：這個人很難溝通。

這封信是一位在中國四川省成都的女孩寫給我的信，述說她的害怕。

「關於你給的建議我曾試圖嘗試去做，但嘗試了很久，我還是無法關上那個盒子。每天我命令自己不去想，強迫自己轉移注意力，到了晚上我不是看書就是看電視，一直強迫自己感到疲憊不堪才敢睡覺，因為我怕我又去想。儘管我這樣努力轉移注意力，但每天夜裡我還是會做各種可怕的惡夢，在恐慌中驚醒四五次。我問媽媽能不能讓我吃鎮定劑好好睡個覺。媽媽不同意，她說那種藥只會傷害我的身體。

生老病死也許並不可怕，分手也許不會讓人那麼悲傷，未來也許不像想像中的那麼絕望。可是為什麼，當所有的事發生在我身上後，我仿佛失去了活下去的勇氣呢？是我太脆弱了嗎？

什麼時候我才能跳出這煉獄般的生活？

本來我想今天乾脆去上學，也許在學校心情就不會這麼沉重了。可是昨晚我做了一個惡夢，夢見我去學校後所有我害怕發生的事都發生了。今天早上下起了大雨，更加使我徹底打消去學校的念頭。

我很感激同學與朋友給我的關心，可是當他們問我怎麼回事時，我該怎麼回答？他們能夠體會到我的感受嗎？我又怎能承受一遍又一遍地敘述這些經歷？那根本就是再次逼我去回味那種痛楚。我真的很害怕。」

——我怕我會去想。

——我太脆弱了。

——我怕我會失眠。

——我的心情總是陰晴不定。

——我怕去面對。

——我總是做惡夢。

——我怕想到奶奶有一天會離開我，但是又不自覺想起。

——我不願意離開家出門去。

——我不想做任何事。

——我害怕聯想起和他的一切。

——我總是在想睡與失眠中受盡折磨。

——我的心裡有莫名的焦慮，像是有人追趕。

——我怕天亮。

——我怕上學。

——我怕期待。

什麼是害怕？

我的教練史蒂芬·史密斯（Stefan Smith）寫了這個給我。

當你拆解恐懼FEAR這個英文字時，你會發現：False Evidence Appearing Real意思就是，「看來是真的其實是假的證據。」

就上面我同事的例子來看，她從相處經驗裡知道我從來不會因為她做錯事發脾氣，但是她仍然有這層顧慮。這種顧慮其實是出自於假想，對她來說假想是個真的證據，所以她一直有這樣的顧慮。

朋友還給我一個策略，叫做迎向恐懼（Fearing Forward），也就是說即便有擔憂，你還是要前進。因此勇氣只是戰勝擔憂，而不是沒有擔憂。當從這個角度來看害怕時，就知道害怕其實阻止不了你，你還是能夠勇往直前。這樣一來，不就更不應該有所畏懼？

蘇珊·傑佛斯（Susan Jeffers）寫了一本書《向生命下戰帖》（*Feel the fear and do it anyway*），裡面談到「迎向恐懼」這樣的概念，作者描述害怕有三個層次：

第一個層次：又分成兩種。

a. 發生了無法控制的事情，例如：年老、孤獨、失去愛人、死亡等。

b. 需要你去採取行動的事情，例如：換工作、做決定、結婚、換女朋友等。

第二個層次：是種內心狀態，而非環境。內心狀態是告訴你是否可以掌控這件事情，例如：得到認可、擔心被拒絕、無助、失敗、脆弱、輸不起、丟臉等。

若是擔心被拒絕，那麼這種恐懼感會影響到你生活中的每個領域，例如：找伴侶、新工作、在會議上提供意見等。你會為了保護自己不被拒絕，而逃避可能被

拒絕的場面，因此限制了自己生活領域的發揮。你可能也會幫自己找些自圓其說的藉口，告訴自己不這樣做也沒關係，然後拉出距離來保護自己：我不需要你，所以我也不用擔心被拒絕囉。

第三個層次：最深層的恐懼，「我真的沒辦法處理」。這是一種無助無奈的感覺。

無論是哪個層次的恐懼感，其實都是最基礎的恐懼，也就是，我不行。

我無法面對自己老了。

我無法面對一個人的孤單生活。

我無法面對失去了心愛的人。

我無法面對死亡。

我無法面對東山再起的挑戰。

我無法面對要去做一連串的決定。

我無法面對一而再、再而三地做錯。

我無法面對別人把我當傻瓜一樣看待。

我無法面對被拒絕。

我無法面對失敗。

我無法面對顯露我自己。

我無法面對被傷害。

你真的害怕失去心愛的人嗎？當然，那種痛苦是難以想像的，但是我知道沒有他還是可以生活。雖然不希望發生這種事，但是我也知道那沒什麼好怕的。當我們建立了自己的信心，有能力去面對困難與最可怕的事情時，其實也就沒有什麼事好怕的。

八個轉化恐懼的思考法

一、在自我成長的路上，恐懼是如影隨形的。

我們要接受「恐懼它是絕不會離開的」這一點；也就是說，恐懼、輕度恐懼（也就是擔憂）是一直存在的。恐懼感其實是一種我們將要離開舒適環境的訊號，對

某些人來說，這是輕微的擔心；但對有些人而言，卻可能是很極端的強迫感。其實只要我們常常去面對新的挑戰，不斷將自己放在新的情況，就會增強面對這些感覺的能力。只要我們在成長，就會有這種感覺。

二、當進入不同的新環境，每個人都會感到害怕，所以你並不孤單。

無論是參加派對或是到一個陌生的地方，每個人在新環境中都會有種緊張、膽怯的感覺。在新環境裡，一個主動的人會克服自己的緊張，不讓緊張限制自己，並繼而採取行動，例如主動去找一個人，然後去跟他談話。但相反地，一個被動的人則是被緊張與恐懼感消磨了意志，他可能在派對上將自己抽離，退到角落去，拿點食物飲料後就躲起來，希望大家都不要看到他。

在人力資源開發裡，我們稱一群人才為「高潛力區」，這群人的特點就是他們很能將自己放到新領域、新角色、新環境中，然後在新情況下快速表現。他們會對你給他更大、更有挑戰性的項目感興趣，並會不斷找新機會來成長。他們沒有恐懼嗎？當然有，可是他們懂得如何利用恐懼變成動力，而非將恐懼變成負面能量，讓他們無法發揮潛力。

三、唯一可以趕走恐懼的方法就是：站起來，面對它！

要怎麼消除自己的恐懼感呢？就是去做你怕的事情。我擔任培訓工作時的第一份任務，就是要講廣東話，當時我聽得懂也會講，可是已經很多年沒有用它了，所以非常不流利。因此我要面對的有：
a. 要使用不流利的廣東話。
b. 被取笑。
c. 被排斥。

當時我非常害怕，怕自己廣東話講不好、口音被取笑、香港人不接受我。我一直在掙扎要不要推掉這份工作，可是這是我當教練的第一份工作，我需要建立客戶群，所以我只好硬著頭皮接了。

那個為期三天的課程，主要內容是講心態的改變。當時我把要講的每一句話、每

漣漪關鍵練習
試找對策

你可以想像自己最害怕的環境或情況，然後找一個對策，想像那個情況發生時，有什麼辦法可以讓自己快速爬起來。

舉例來說，我最怕的就是別人嘲笑我的發音，於是我想了一個對策，那就是先主動地說：「我的廣東話腔調是不標準的，我最強的語言其實是英語與普通話，並非廣東話。所以如果我說得不清楚，我會寫在白板上。」

接著，我還要求他們做我的廣東話老師，希望在講課過程中，如果我的發音不標準，請他們糾正我，這樣他們還會感到對我有貢獻。因為我做了這樣的準備，所以就不害怕了。

個臺詞、何時要講什麼、何時要加上笑話，都非常完整地寫下來，然後在鏡子面前練習，又找來香港朋友，在她們面前先演練一次。並設想最壞的狀況萬一發生時，我該怎麼應對？當發音錯的時候，該怎麼將情況拉回來呢？

那次的課結束後，當我發覺自己其實有能力用廣東話與學員打成一片，達到自己的目標時，我就不再害怕使用廣東話了。因此，毋須害怕，把害怕變成一個動力，讓自己成長。

四、一旦感到害怕，就要馬上去做它。

恐懼感其實是人類很正常的情緒，我們並不需要排斥它。雖然有些人會說只有在無畏的時候才會採取行動，我覺得這很不切實際，因為害怕是不會消失的。前些天我在報紙上看到，好萊塢女星梅麗·斯特裡普說：「從事演藝工作三十年，直到現在上臺，還是會有舞臺恐懼感。」

—— 恐懼來臨時，接受它 ——

很多成功的人都有過恐懼感，只是他將此視為正常，換言之，可能我們在做的是一件不尋常的事情，正因為不常做，所以才有恐懼。

——將恐懼轉化為動力——

很多人能克服恐懼，克服的方式就是將恐懼轉換成動力，創造出更大的成就。但有些人卻是將恐懼變成負面能量，成為牽絆住自己的無力感。前者是讓恐懼帶出激情，後者則是帶出消極及逃避。

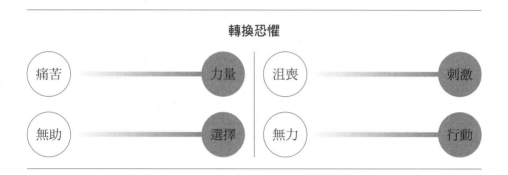

轉換恐懼

痛苦　　　力量　　　沮喪　　　刺激

無助　　　選擇　　　無力　　　行動

——每天冒個險——

勇氣其實是來自在恐懼中還能採取行動，不妨每天都跨出一小步吧。例如，你很怕與陌生人打交道，可以將第一步設定為微笑，看到陌生人就給他一個燦爛的微笑。第二步是簡單的「你好嗎？」之類的問候。第三步是主動為別人服務，如果在電梯內，可以主動問「請問去幾樓？」幫其他人按他們要去的樓層，或是說「麻煩您，可不可以幫我按六樓？」請別人幫你按。第四步是給自己定個目標，可能平常你在團隊中很少發言，你就能定下這次開會一定要發一次言，不論是提出：「我聽不清楚，請重複一次。」或是下個總結、重複他人的話也好。也可以養成習慣先伸出手自我介紹說：「您好。我的名字是陳郁敏。」我還看過有些人很主動地說：「對不起，我不記得您的名字，您可不可以再告訴我一下。」第五步是要分享想法，讓自己在下次會議時，分享自己的一個想法，無論這個想法是否被接受，重點是你有提出來的勇氣。就這樣，一步步將自己的舒適區擴大。每一次的達成目標，其實就是在拓展自己的舒適區，當你回頭看就會發現，其實這些事情並不是真的那麼困難。

新的舒適區
▲
冒險區
▲
冒險區
▲
冒險區
▲
冒險區
▲
原本的舒適區

五、逼自己去面對恐懼，其實是比讓你整個人生都感到無助，來得容易許多。

不敢。為什麼不敢？怕。怕什麼？怕做錯事。怕被責罵。怕被懲罰。怕沒面子。
怕被拒絕。怕太炫耀。怕被人笑。怕被排拒。怕別人講閒話。怕有不良效果。
這種怕其實是給他人權力來主宰你的人生。更可惜的（或可笑的）是，這種怕是
無依據的，那個你所怕的人或許根本就沒有那種想法。就算他真的說了些話，那
可能是他當時的本能反應，講出來就沒事了，只有我們卻還一直牽掛它。如果太
在意別人怎麼看，我們就會活在一種無奈、不敢、不可以的心態中。這種心態讓
我們不敢跨出那一步，而不去採取行動，只得停留在：
「我想……可是不行／我不敢……萬一……怎麼辦？」
面對自己害怕的事，遠比活在恐懼中好，因為活在恐懼中是永遠背著「我不行，
我無法處理」的包袱。這是種無奈、逃避、萎縮、被動的生活方式。最好的方式

是：
・接受它
・面對它
・處理它
・放下它
・分享它

六、製造一個正面的環境，讓在你身邊的人都是支持與鼓勵你成長和學習的人。

當有勇氣去面對自己的成長與學習時，你會發現周圍有很多人出於善意地勸你不要去冒險。他們是基於關心與保護，不希望你失敗或受傷。這雖屬善意之舉，不過相對的，也會讓你待在原地，無法成長。即便他們的出發點是好意，可是重點不是要讓他們保護你，你該做的是學習去保護自己。保護自己的意思是：跌倒時有沒有好的跌倒方式？有沒有爬起來的方式？

我記得大學時曾經學習合氣道（Aikido），第一堂課就是教你怎樣跌倒，用什麼方法可以跌倒又不傷害到自己。在人生中，我們要學習如何成長，在成長中，學會怎樣去跌倒再爬起來。跌倒與爬起來其實就是生活技能，當然周遭很多人或許會為了保護你而潑你冷水，這種保護你的方式其實就是阻礙你跌倒，於是你學不到跌倒後如何爬起來的經驗。因此當身旁的人善意勸我、保護我或潑我冷水時，我多半都不予理會，因為這些保護往往代表著那些人面對挑戰、困難與成長的態度，那是他們的害怕，其實都跟我無關。

如果你不能避免接觸這些沒有建設性的勸阻時，你需要有個對策，那就是當他們提出無建設性說法時，你要學會處理自己的情緒和思考方式，在此你不妨去看第五章《展現真實》與第八章《自我談話》，當你面對周遭盡是負面評價時，學習如何處理自己的情緒與反應，這樣就不用擔心他們的存在了。

七、怕失敗，怕別人怎樣想，怕被拒絕，怕沒面子

中國人的怕，都是怕別人怎麼想。他們不是怕自己失敗，而是怕如果我失敗後別人怎麼看我。你無法控制別人怎麼評論「外在的你」，反而該注重的是，「內在

利用漣漪卡建立自信

當我遇到這種狀況時，我自己會用這兩張漣漪卡來建立自己的信心：

> I am the best judge of what is best for me. I trust my judgement completely.
> 我完全知道我要的是什麼。我完全相信自己的判斷能力。

> I have unlimited potential. I don't let other people's negative beliefs
> limit how I shape my future.
> 我有無限的潛能。我不讓別人負面的思維來限制我如何創造我的未來。

此外，我也會找那些非常正面積極的人，讓他們的積極能量來幫助我，建立我自己的信心。

> I only listen to people who are positive thinkers. They live a joyous and loving life.
> 我只聽取積極的人的意見。他們的生活充滿快樂和愛心。

的你」是不是真的有素質、有能力，而且能表現出來。

我在擔任教練時，最常遇到的就是這種恐懼，很多員工明明知道該這樣做，可是卻不去做，因為他們害怕別人會怎樣想，擔心不知這個同事怎樣想，那個同事又怎麼看，最後弄得什麼都不去做。他們在害怕些什麼？

- 怕人家以為自己是拍馬屁。
- 怕自己的行為得罪別人，讓對方損失利益。
- 擔心自己的建議是錯的。
- 擔心意見不被接受。
- 擔心意見被接受後，結果並不成功。
- 害怕別人覺得自己太突出。
- 害怕別人覺得自己找麻煩。

我能給的建議就是：這是你的一生，你可以讓別人的想法與眼光主宰你的一生，或者是為自己而活。是誰在控制你的生活呢？是別人。那麼別人是指誰呢？「他們」是很籠統的說詞，可能指的是你周邊的同事，也可能是父母、伴侶、鄰居，可能是認識但非常少來往的朋友，或是社會中的一些陌生人。事實上，這些人有可能根本不了解你，也不在意你做或不做什麼事情，甚至於根本不知道你的存在。所以說，**要選擇為自己而活，你才是對你自己最重要的人**，你能決定什麼對自己好，決定要貢獻或不貢獻，你可以決定用何種方式為你的團隊貢獻，這樣一來你也才能從決定中去學習到一些人生經驗。

問問自己，如果我現在沒有任何害怕的話，我會採取什麼樣的行動？如果我不擔心別人怎樣看我的話，我會做些什麼呢？只要不是基於害怕，而是有意識地做了一個決定的時候，你就已經戰勝自己了，你已經有做決定的信心了。這是你的成長過程，在人生旅途上你就是領隊，無論自己的決定是什麼，它沒有輸贏，你的決定都將帶領你到不同的路上，以及新的學習和思考。你需要對自己負責的是，自己的思維方式、行為、自我形象、信心，以及人生中的結果。不要拿別人當作藉口，不能因為別人怎麼樣，你就可以不對自己的人生負責。

所以當別人真的覺得你是在拍老闆馬屁，那又如何？如果你所做的事情是為公司好、為你的部門好、為大家好，因此你的行為讓公司與上司提拔了你，別人怎樣說又如何？那些是酸葡萄心理，這是他們的問題。你所做的，以及你得到的回饋，都是應得的。

CASE
從失敗中站起來

小張，是我在深圳蛇口的一個學生，他年紀很輕，很有幹勁。這個年輕人的想法與思維很成熟，讓我很快地在人群中注意到他，因為他有勇於表達自己的能力，在表達中又表現出成熟的思維方式。他告訴我，他剛踏入職場時就表現非常好，年少氣壯，短短幾年內升遷很快，因為升遷快，就變得有點自大，也開始樹立了很多敵人。因此一旦他失敗，就敗得一塌糊塗而且感到非常丟臉，於是他離開原來的公司，到了另一個城市去找新工作。他還告訴我，他非常感謝自己在職場生

涯的一開始就能擁有失敗的經驗，讓他從失敗中不斷反省自己所作所為，而學習到非常多重要的功課。他學習到該怎樣從失敗中爬起來，也不再對失敗感到恐懼與擔憂。失敗其實也沒什麼，更重要的是，他不讓恐懼佔據他的心思，反而能非常自在地奉獻他的所學所知，做一個自己想做的人，對他想做的事情全心地付出。

八、當我們以害怕為出發點時，我們永遠都看不到最好的那一條路。
當我們的出發點是害怕時，我們的本能就是保護自己，自我防衛性便會增強。

- 當你害怕被排斥時，你就會先排斥別人。
- 當你害怕被拒絕時，就會先去拒絕別人。
- 當你害怕失去時，就會更加緊地控制，結果最終是把他推走了。
- 當你害怕吃虧時，就會更加要求別人來保護自己。
- 當你害怕被批評時，就會更加挑剔地去批評別人。
- 當你害怕失敗時，就避免冒險與犯錯。
- 當你害怕失去權力時，就會去施壓與控制別人，以得到權力。
- 當你害怕被認為笨時，就會不採取行動，不發言不表現，才不被發現自己笨。

如果我們是戴著恐懼的眼鏡來看世界，看到的就是從害怕的鏡片反射出來的景象，而我們的行為就會基於恐懼感所衍生出的假象來採取行動，導致我們不敢找別人幫忙，也很怕得到回應或建議。
很多團隊會以抽佣金為體制，這種以人性弱點為出發點的體制會產生很多基於保護自己利益的衝突，搶地盤，害怕別人搶了自己的客戶而使自己失去利益，屬於自我防衛的行為。我們看不到團隊精神，只看得到保護自己的方式。我們也看不到超越自己的安全與利益的方式，我們的行為會被限制在保護自己的行為中。這樣反而排除其他選擇的可能性，這些選擇可能是對同事、部門、組織、公司，甚至客戶等都有利益的方式。

拋棄恐懼，贏得真愛

我有一個朋友，因為她能拋棄被拒絕的恐懼，而找到了真愛，她說：「我就是很典型的職場女強人，生活中什麼都有，就是沒有愛。工作、社交都充滿自信，但一談到愛，就非常脆弱，沒有安全感。一方面一直說自己在找 Mr. Right，但另一方面又怕受傷害，因此就阻礙了自己去找到那個人。害怕受傷害其實是阻礙了自己，因為這讓自己充滿保護色彩、會耍心機、採取被動絕不主動，有些時候還因此變得很強勢。

後來當我遇到這個人時，我拋開自己的恐懼，坦承自己的脆弱。我寫了一封 E-MAIL 給他，那封信赤裸裸地表現出我自己的感情，毫無保留地告訴他我是如何看他的，我只是告訴他我覺得他是我見過最美麗的靈魂，無論我們是否會在一起，我仍然會非常欣賞與珍惜他。因此，我贏得了他的心，當時如果我因為自己的害怕，怕被拒絕的話，我就一定不敢告訴他。那時我戰勝了自己的恐懼，我告訴自己，無論結果如何，我就是想讓他知道我的感覺。如果我沒有戰勝自己的恐懼，那麼我寫的信一定非常酷，表現出無所謂的樣子。因為那種恐懼是怕沒面子，如果我怕沒面子，自然會在信中有許多保留。或者我會等他多給我一點暗示，那麼我們兩個就會開始玩遊戲，你等我等的。

直到今天，我的伴侶還一直告訴我，就是因為我那封信讓他決定跟我攜手走人生路。」

漣漪關鍵練習
幫助自己釋放限制性思維

當出現負面的限制性想法時，以下面兩種方法來建立新的、釋放自己的思維方式。1）改變自己的內心自我談話。2）學習有效的表達方法。

	改變自己內心的自我談話	建議與舉例說明
1.因為不想做壞人，所以不敢提出自己的想法或意見。	我表態會為團隊帶來更周密的思考。 我表達自己的意見，表示我有自信、有獨特的想法。	• 講法很重要。千萬別說「你這樣不行。你這個方法不行的。我們曾經做過。」「你不對。」 • 如果對方的方案漏掉一些重點，以建設性的方式表達自己的意見或引導對方更深層次或更全面地思考。 舉例：「如果用這個方案，利益受損的用戶，你建議我們如何回應他們？」而不是說「這方案不行，因為很多用戶會抗拒這個改變。」 舉例：「我這樣提出不同的想法，可能會讓一些人覺得我在故意找麻煩。我們都是希望把這事情做好。我必須講出我的想法，請大家一起來討論。」

	改變自己內心的自我談話	建議與舉例說明
2. 因為怕自己不行，所以不敢突破自己。	・我有能力改變自己。突破自己，繼續成長。 ・我有無限的潛能。我不斷地藉著實現小目標來成長。	不突破就是說我已碰到極限，已經沒有潛力了。
3. 因為怕破壞人際關係，所以不敢指出問題。	・我表達的方式是尊重別人，就事論事，這種做法反而會促進更親密的人際關係。 ・看到問題卻選擇不指出來，我其實是促使事情做出不理想的結果。	如果彼此之間有摩擦或出現問題，不指出來其實是一種「間接迴避的行動」。這種行動對雙方的關係也有破壞力。不妨直接地指出來，只要方法是尊重、建設性的，對方多數都會接受，因為對方感受到你的用心，也是為他好的做法。
4. 因為怕被笑自大，所以不敢主動地表達自己。	・我知道自己在做對的事。如果別人認為我自大，那是他自己本身有問題。 ・我的工作職責讓我參與這個項目，我就有責任全心全意地貢獻我的一切能力。	我無法控制別人對事實的認知。如果因為怕別人誤解而放棄實現自己的機會，那我是讓別人主宰了我的人生。我能夠做的是對得起自己，並積極地爭取學習機會。

	改變自己內心的自我談話	建議與舉例說明
5. 怕被說有心機。	• 我很真實地面對自己。我要把事情做到最好。我相信自己的判斷能力。 • 我對工作的責任是盡我所能把事情做好，我不把精力放在顧慮別人無謂的閒言。	舉例：「我對這事情的了解可能只是片面。目前有個疑惑，提出來是希望對整件事有更深的了解，對事情的執行會有幫助。」
6. 怕自己能力不足。	• 即使真的能力不足，我有勇氣接受這事實，把這當作學習的平臺。 • 我有足夠的學習能力彌補我的不足。 • 我不會比別人差。	舉例：「我知道自己在這方面可能慢一點，但是我也相信有些人跟我一樣，對這件事還沒有完全聽懂，希望你可以再講一次。」

07. Dealing with problems

處理問題

I treat each new problem I encounter as a new door to be opened, and an opportunity to be creative.

我每遇到逆境時，都把它視為一扇等著我打開的門，及啟發我創意的機會。

不犯錯就值得獎勵？

在中國家庭成長的小孩，「乖」和「聽話」是當個好孩子的特質，只要不犯錯就會得到獎勵；也就是說，我們應該順從父母的教導、我們不能犯錯、我們要避免衝突，我們不應該惹麻煩。如果我們乖乖照著父母的話、聽從師長的教導、遵從上司的指示去做事，我們就會是對的。「對」意味著我們不可能是錯的、我們不會失敗、不會失誤，因此我們也不必去處理任何的「錯」。

我的人生走來順順利利，也向來以自己不曾犯過錯為榮。我不但是成績優秀的高材生、老師最愛的模範生、品學兼優的班長，還活躍於許多的學校課外活動，我從未犯錯，自然不曾失敗過。當我遵循前人指示走在這條再清楚不過的路時，我怎麼可能失敗？我毋須冒險犯難，自然也無從為自己做任何決定。

漸漸地，我發現自己走到一個不知多危險的處境裡：我沒有復原能力。

因為不曾失敗跌倒過，我也就不知該如何再站起來；我沒犯過錯，自然不懂如何從錯中學習的道理。當我與朋友發生衝突時，我會為了不傷和氣而容忍，直到有天，我再也忍不下去，便與她爆發一場爭吵，最後我開始疏遠她，任情勢無法挽回地葬送那段友誼。當年的我，心底的信念始終是：「我不能犯錯，我不能失敗，我必須是完美的。」「出現問題，意即自己是失敗者。」「一旦有衝突，事情就永遠無法解決的。」

迷思一：好的人生是一帆風順的

以前的我，不知道人生其實是可以犯錯的，不知道人生也會遭遇到問題與衝突。生命是由無數突發狀況所鋪成的一段旅程，然而，當時我卻沒及時領悟這個道理，老是想要避免問題、迴避爭論點，我甚至讓自己活在一個假裝問題都不曾發生的世界裡。這些心態完全表露在我與前夫的關係中。我沒想到原來婚姻就是會存在許多問題，也沒想過原來問題是可以攤開來溝通，更不知道還有平靜、具建設性的解決方式。當時，我唯一想到的只是，「慘了，我們之間有問題了。」我

假裝在忙別的事，以避免去處理它，一心以為只要我們之中沒人再提起這個問題點，就不會有任何口角衝突。我找到可以逃避的藉口。

那段經歷讓我成長許多，現在的我學會把事情講開來，才可能有解決方法，也明白有問題不等於失敗。

CASE
回應問題的態度

JJ的母親有回在某個公開場合致謝，卻獨獨漏掉了女婿的名字，JJ雖然為此感到不悅，卻沒有表現出很生氣。事後JJ也沒有對母親提及她的不悅，只是不時會跟家中的每個人抱怨那件事。直到有天，話從旁人傳回到母親耳中，聽見女兒不但對自己不滿，還讓所有人都知道，使得做母親的感到屈辱又沒面子，於是她就向我訴苦：「我才沒錯，都是JJ太敏感了。」我想事到如今已經不用去追究誰對誰錯了，而當我試著調解她忿忿不平的情緒時，這位母親的反應卻出乎我意料，「JJ為什麼要提起這件事來？原本好好沒事的就像湖水一樣平靜，為什麼她要擾亂出問題來？為什麼她就不能把不滿放在心底？現在大家都知道，弄得我很不好受，很沒面子。」

從這對母女的態度，我看見許多問題：

1. 間接處理問題。

　　除了她母親，JJ告訴了每一個人她的不滿。我們時常傾向把事情告訴所有人，卻直接跳過最應該知道、最應該來解決問題的當事人。

2. 太在意對與錯。

　　沒有把焦點放在解決問題上，只想釐清誰對誰錯，以便將問題歸咎在這個人身上。「JJ太敏感了，JJ沒事找事。」母親說這些責備的話其實無法讓問題消失，JJ的心中仍然為這事感到不快樂。

3. 否認一切。

　　否認，並不會讓問題就此消逝。母親否認問題的存在，認為就算有問題也是JJ個人的問題。於是會以攻擊的心態或行為來否認問題的存在，那樣子他們就可

以不去面對衝突。

4. 迴避問題。

母親不打算做什麼補救，並認為時間會平復一切，被擾亂的湖水會再次平靜無波。

5. 面對問題。

我建議這位母親：或許她可以試著跟女兒說聲抱歉，說當時她只是因為緊張而忘記提到女婿的名字，她在心裡還是很感謝他的。但是這位母親卻不願這麼做，覺得那樣有損長輩的尊嚴，令她很沒面子。

6. 保持和諧。

我並不反對「和諧」的存在，只要那是真實的，而非虛假的表面和諧。我們常覺得維持表面和諧，比戳破問題讓情況變得難以收拾要來得好。不爭的事實卻是，平靜湖面下往往有許多暗流：緊繃的情勢、壓抑的意志、憤怒的怨氣，以及受害者的想法。表面的平靜只是讓所有的負面情緒繼續醞釀，反而產生更多的緊張效應，直到有天，只要來點外力，即會爆發出來。

迷思二：人生不能犯錯，犯錯＝失敗

在愛情的領域裡，沒有什麼錯誤不錯誤的，也沒有失敗不失敗的。如果目標是結婚，那麼當感情走到最後並未踏上婚姻之路時，就可以視為沒有達到目標。然而，我無法認同有人竟認為那段感情本身就是樁錯誤。如果你的男友擾亂了你的人生，離開他，並不代表你在這段關係裡是失敗者；分手，不代表你所談的那場戀愛是個錯誤。事實上，我反倒視之為正面經驗，因為你認清了他並不適合你，而透過那段交往過程，你也更認識到什麼樣條件的對象才是適合自己的。每個人都是獨特的個體，沒有好或壞，只有適不適合，若非曾經歷過波折，你無法知道如何改進自己愛與被愛的能力。

我從不視自己的離婚為一個失敗，它反而是一個新起點，邁向兩段成功且幸福的旅程（對我及前夫來說）。最後之所以會以離婚收場，是因為彼此更成熟且獨立，發現我們想追求的是不同的生活目標。我從未後悔嫁給他，那不是一個錯

誤，離婚不代表要否定過去曾有過的美好。這個我曾深愛過的人，我不會因為背叛或不再相愛，他所有的美好特質也連同逝去的愛而消失。或許為了讓自己心裡好過些，而去怪罪他人或讓他扮黑臉，博得同情，是件很容易的事。不幸的是，那樣只是在扮演犧牲者角色，而避開自己該負的責任。若非經歷過結婚與離婚，我不會變成現在的我。我喜愛現在的自己，甚至相信未來的自己會更好。

CASE
面對問題的心態轉變

我剛離婚時，母親不准家人、鄰居或親戚提起這件事，別人問我丈夫在哪？有孩子了嗎？母親就連忙回答：「他很忙，沒有跟著回來。」我對母親說：「如果換作是我，我不會說謊，而是說出真相。離婚這事對我來說是很有勇氣的事，正因為我有勇氣去面對以前做的選擇，我有勇氣重新站起來去創造新人生，所以我需要的是您的支持，而非覺得女兒這麼做是件羞恥的事。」

後來有一年，回家鄉去參加妹妹的婚禮，我直接告訴母親因為晚會中會遇到很多人要打招呼，所以他們若問我丈夫的事，我會說實話。我知道這會讓母親不高興，但仍希望她有心理準備。果如其然，許多親朋好友師長們紛紛問候我先生。

「我們其實早分手了。」

「怎麼沒跟我們講？」

「是我母親覺得不好意思，所以不敢跟大家講。」

「那有什麼關係，我女兒去年也剛離婚，現在的年輕人就這樣子，只要你快樂就好了。」

我知道母親聽到別人如此開明的反饋，心底其實舒坦許多。母親是一個典型的傳統女性，思想保守，很怕人家以為離婚是因為她女兒不夠好。我讓她明白，面對離婚，女兒最需要的是母親的支持而非批判。之後二姐離婚時，母親的想法就完全改觀，她對我二姐說：「沒問題，你知道家人會永遠支持你，只要你有需要時說一聲，我們都會幫你的。」看到母親的轉變，我覺得她真的很酷，非常欣賞她，一方面她是傳統保守，另一方面是她有學習能力的，只要你讓她去理解你需要的是什麼，她就有機會去做的。

面對問題時的兩個必備心態

心態一：即便跌倒，也知道自己會站起來，拍拍身上的塵土，繼續往前走。

有回，在一個賣場裡的星巴克咖啡廳，看見兩個母親以不同方式帶孩子。有兩個蹣跚學步的好奇寶寶正在沙發上爬來爬去玩的時候，不慎跌到地上，第一個母親趕緊奔去抱起孩子，並安撫著孩子。第二個母親看見孩子沒什麼大礙，只是驚嚇到，她就待在座位上鎮定地對著孩子微笑說：「呵，你剛剛不小心跌倒囉，現在要爬起來囉。」孩子望著母親的鼓勵微笑，就自己慢慢站了起來，再回頭望著母親時，她已經來到孩子身旁，給他一個大大的擁抱，鼓勵他能靠自己的力量站起來。

這兩個母親帶給孩子的信心截然不同，第一個孩子或許會因此變得很乖，第二個孩子可能會因為不怕而更調皮、玩得更大膽。不同的教育方式，一個要靠別人，一個學到獨立。這讓我想起有個鄰居的孩子，他是個很乖又聽話的小孩，可是我卻覺得他乖到沒膽量，他不敢一個人過馬路，一定要大人帶他才行，讓人感覺他好像對什麼都會怕，因為他父母從未放手讓他自個兒去嘗試。但我外甥就完全是相反典型，又調皮又好奇，他父母因為擔心有天孩子會需要自己過馬路，於是很早就教他如何看紅綠燈，如何做好停看聽才過馬路。

復原能力（Resilience）是指，在跌倒後你知道自己有處理此事的能力。發展這項能力，沒有快捷方式，你不能以為光靠讀些勵志書，就能培養好這項人格特質。愈是面臨到困難與挑戰時，愈是能激發出你的能量，讓你能夠更有信心面對未來的挑戰。因此，為何不勇敢面對問題，接受挑戰叩關，你將從中學到更多的成長智慧。

心態二：成長與發揮創造力的機會。

問題，如同一個成長機會。有天《Discovery探索頻道》播出親子互動的節目，由專家們教父母親如何解決孩子們的吵架衝突，不能為了平息衝突而叫老大一定要讓老么，父母應該教導孩子如何自己去調解手足間的衝突，而不是介入孩子們的衝突，這樣小孩才能學會獨立而不依賴父母。

以前的我向來喜歡與符合常規的人來往，現在我則欣賞有獨特想法與見解的人。因為經歷過逆境的洗禮，我獲得更豐富的生命的智慧。我欣賞那些不依常規行事的人，他們勇於創新，而且大膽選擇人們很少走的路，當然更欣然接受途中的種種挑戰，這一切都使我覺得他們是很迷人的，也刺激著我向他們的創新看齊。

中國文化的教育體制下，很少教導我們解決問題的技巧，而是直接給我們對與錯的答案。比起給予解決問題的工具，我們的師長與父母只是硬把對的答案強套在我們身上。公司的老闆堅持事情要照著他的方式去做，因為老闆相信那樣做才是正確選擇，就算這麼說也有道理，但是這樣一來也就剝奪了我們自己能從錯誤中學習的機會。正確的答案放在你身上或許變成是個錯誤的答案也說不定，就像試圖矯正一位左撇子要改用右手拿筆是一樣的道理。

CASE
怎麼改善與家人的關係

小羽最近心情不好，跟媽媽鬧得非常不開心，每晚下班了都不想回家。

我很好奇到底發生了什麼事，讓母女倆搞得這麼不愉快。原來是因為小羽的爸爸最近學習用電腦，買了個手寫板。手寫板只用了一兩次就不用了，爸爸決定學習用鍵盤打字。媽媽為了這件事不停的責罵爸爸，每天沒完沒了的嘮叨，家裡沒有一刻的安寧。如果沒用過手寫板，爸爸怎麼會知道自己不喜歡用手寫板呢？有誰會故意浪費金錢？小羽覺得媽媽太過分了，為爸爸打抱不平，跟媽媽頂嘴。這下可慘了！小羽此舉簡直是火上加油，媽媽認為小羽在幫爸爸，更加的生氣，所以家裡氣氛鬧得很僵。

對這件事，小羽感到又委屈又無奈。她覺得自己沒有錯呀。媽媽不斷的罵爸爸太不應該了，爸爸不被尊重也使他很難過。媽媽就是這個脾氣，小羽也拿她沒辦法，只能夠盡量迴避媽媽，避免再一次起衝突。

我想許多人都有相似的經歷。

難道發生了不愉快事件後，就只有迴避一條路嗎？發生衝突是生活中無可避免的。只要人在一起就有互動，有互動就會有衝突。懂得避免衝突當然好，不過這

還不足夠，更重要的是懂得事後如何補救。21世紀的社會，快樂生活的基礎是學會如何化解衝突，讓失和的關係重新修好。

「真的能做到嗎？」小羽問我。

「有方法的。你願意嘗試嗎？」

方法其實很簡單。

第一點：我們通常會因為別人的行為而感到懊惱氣憤。解決衝突的第一步就是嘗試了解對方行為背後的原因，是對方的價值觀或一些根深柢固的信念。是什麼驅動媽媽這個行為（責罵爸爸不應該浪費）呢？是她的一個美德：節儉。小羽被媽媽的行為困擾，而忽視了行為背後的驅動原因。媽媽不停的嘮叨，是因為她覺得自己的心意沒被肯定，所以一直講，因為爸爸和小羽都沒「聽懂」她的用心。我們每個人心中都渴望別人了解我們，聽懂我們的心意。如果感覺別人聽不懂，我們會不斷的講，不斷的重複，直到有人聽懂。

第二點：你可以不同意對方的行為，但可以認可對方的價值觀。我教小羽這麼講：「媽媽，對不起，不該跟你頂嘴。我知道並不是媽媽小氣對錢看得很重，而是錢可以花但不可浪費，我了解媽媽只是不想我們無謂的浪費金錢。」小羽只要肯定媽媽節儉的美德，就很快的可以化解這個僵局。

過了兩天，收到小羽發來的郵件，實踐結果出來了。

「真的成功了，媽媽氣消了。她告訴我說，很在意我們浪費錢，而且我和爸還頂嘴，所以她當時很難過。一時氣頭上，我也不讓步，她也不讓步，結果就成了僵局。哈哈。怎麼沒有早點認識郁敏老師呢，這樣可以緩解很多不必要的心煩呢。」

小羽選擇勇敢地面對問題，而不是迴避問題。

CASE
怎麼幫助人處理他們自己的問題？

蘇珊喜歡與她的老闆工作，覺得跟在他身邊做事可以學到很多東西，可是卻有一點困擾她，因為老闆的白天行程總是被一堆會議佔滿時間，常常下午很晚才能回到公司處理事情，於是蘇珊總是在快下班時才接到老闆指派的工作，耽誤了下班

時間，長此以往的加班讓她很想換工作。

——錯的方式——

我們常有個錯誤觀念，以為可以用自己的方式去為別人解決問題，所以我就建議她應該直接跟老闆提出她的問題，讓她可以早點完成工作不用加班。對我來說，這是最有效的解決辦法，可是蘇珊是一位安靜內向、說起話來溫柔有禮的女孩，她無法採用這個建議，因為覺得這麼做太強勢了。

——對的方式——

我們可以幫助她去看看還有哪些選擇，每一個選擇都有優缺點，列出每個選擇的解決模式，然後讓她挑出適合的解決方式。建議一個行動計畫方向，讓她有頭緒該如何去進行。

四個解決問題的模式

許多人總感到自己受限於只擁有一個選擇方案，而且還不是最理想的那一個，不是執行起來太困難，就是要付出極大的代價。當你在面對問題，一度感到彷徨與困惑而不得其解時，試著去思考下面這四個方向，深思熟慮後，答案或可清晰浮現。

一、主動採取行動改變情勢。

二、改變自己的需求、態度、看法，去接受情勢。

三、學習忍耐或共處的藝術。

四、轉身離開。

當我腦力激盪時，從這四個方向去看，發現有很多選擇：大部分人因為已經不想容忍，想求解決途徑，所以只剩一、二、四選項。不過即使是選三，也有舒服的忍受和痛苦的忍受；換言之，選三要忍受其實也參雜了選項一跟二的思考進去。至於逃避也是一種方式，不見得不好，而是要看情況，就算選擇四離開的話，也有無法馬上離開的原因，像是家暴訴請離婚又牽扯到經濟能力的思考，所以即便

要離開也是要做很多決定。這四個大方向內，都還是可能有許多要採取的行動選擇。

底下的對話，是我為了幫助蘇珊解決她與老闆問題而一起做的腦力激盪練習。

TYM：嗯，這個情況聽來不是很理想，想必造成你不少壓力了。你願意試著去解決它嗎？

蘇珊：想啊。但我不認為我能做些什麼，因為他是我老闆。

TYM：我們來看看你能有哪些選擇。A.試著去改變現狀。比方說，直接去告訴老闆你對於加班的困擾，兩人能討論出個適合雙方的共識出來。B.改變你希望準時下班的期望。你可以試著體諒老闆的不得已，也認清這份工作就是有不定時下班的情形。C.你繼續容忍這個情況。D.如果無法再忍受下去，你可以辭職。

蘇珊：我不想辭職。這份工作其實並不壞，我還蠻喜歡的。

TYM：那很好啊，我們直接刪除選項D，那剩餘的三個選項你比較喜歡哪個？

蘇珊：基本上我會來找你聊，就是因為我不願意再忍受這種情況，我希望能改變，但是我不確定自己能面對老闆去要求他什麼，我辦不到。選項A和B有什麼差異嗎？

TYM：那我們就來仔細看這些選項。選項A來看，你其實可以有許多方法去改變現況；主動去找老闆，告訴他你的為難處在哪；或用間接的方式，例如請其他同事幫你跟老闆說；也可以讓老闆提早將待辦的事情交代下來，與其等老闆很晚才來找你，不如一早進辦公室時或早午時分，你先問他有哪些事要今天處理的，因為你晚上還有約或是你最近報名晚上的學習課程，所以不能太晚下班。

蘇珊：選項Ｂ指的又是什麼？

ＴＹＭ：是說你要先改變自己的期望值。例如，原本「希望能早點下班」，或許是說你要放棄這個想法而改變成「加班也是做好工作的一部分」的想法，想成這就是公司的文化。或許加班工作能有更多的時間跟老闆相處，你因而能從他身上學到更多東西也說不定。現在你看見了自己有這麼多的可能去解決問題，哪一個是你想要的？

蘇珊：我可以在每天下午三點左右去找老闆，問他有哪些事要在今天下午處理完畢的，這樣就不用等到他五點半才過來交代事情。

ＴＹＭ：你覺得自己有信心能辦到嗎？

蘇珊：我覺得可以做到這點，只是無法想像要直接面對老闆的樣子，我也不知道該怎麼說，萬一，他對我不願加班感到失望怎麼辦？不過，倒是可以試著請他早點交代當天的待辦事項。

ＴＹＭ：所以你選擇Ｂ的處理方式，但也不是完全不考慮選項Ａ，因為我相信它也是個能解決你與老闆之間問題的好方法，你可以找到一個成熟的方式做出最滿意的安排。既然你選擇Ｂ先嘗試看看，也是可以的。

蘇珊：我會去試試看的，然後會讓你知道結果如何。

ＴＹＭ：很高興你有勇氣採取行動去處理自己的問題。這是你對自己的承諾。

與壓力好好相處

壓力好像是現代生活的副產品。報章、雜誌、電視、網路媒體等等，每天都看到很多有關壓力指數的報導和抗壓之道的廣告，什麼「中醫推出舒緩壓力3秘

方」,「沙發瑜伽健身操舒緩壓力放鬆身心」,「提神抗菌舒緩良方精油薰香法」,「舒緩壓力疏通經脈按摩SPA」等廣告及資訊。

時常有企業找我幫他們開舒緩壓力的課程。他們要求我教一些鬆弛練習、養生、瑜伽深呼吸等方法,我都拒絕了。我不是抗拒這些舒緩壓力的方式,我自己也做瑜伽,跑步,吃完飯後去做腳底按摩,休假時來個全身按摩SPA,家裡也用精油,特別喜歡用海鹽泡澡。這些舒緩方法都有效,但它們通常是治標的方式。我談的是治本的方式,如何接受壓力,積極的面對壓力來源及最後跟壓力相處。

躲不掉的壓力,做不完的事

上個月與我長期合作的一家法國化妝品公司的某個部門,請我幫他們開一堂面對壓力的課程。我接受了這個任務,原因是該部門主管的目標很清晰,他希望員工學會治本的方式,能夠在壓力中保持他們優秀的表現。從學員的分享,我總結了八種最常見的壓力來源。

• 為別人而生活
• 永遠做不完的事情
• 工作中的突發事件,讓人緊張焦慮
• 上司或客戶不合理的要求,或與同事的摩擦
• 不懂得說「不」
• 夫妻間的孩子教育問題
• 三代相處的問題
• 追求完美,對人對己的要求過高

我常聽大陸的朋友說,中國人是活得最痛苦的,生活壓力太大了。中國社會及經濟的快速發展,使我們處於激烈競爭的環境中。其實不管在大陸、香港或台灣,大家都嚮往過個比較輕鬆自在的生活。有些人已經開始改變生活,讓工作與生活結合在一起。有些人還困在壓力中,無法逃脫。出了校門就進入競爭激烈的工作環境,除面臨工作的壓力,還有成家、購房、撫養子女、管教和社會交往等諸多壓力。人人力爭上游,工作透支,競爭透支,情感透支,工作家庭難兩全,物質

與精神的平衡，顧此失彼，身心俱疲。

「壓力」是什麼呢？以心理學的解釋，所謂壓力，是指個體對某一沒有足夠能力應對的重要情景的情緒與生理緊張反應。也就是事件是否會產生壓力，就看人們如何詮釋它，只有人們感覺到他們無法應付環境的要求時才會產生壓力。當壓力超過個人所能負荷的程度時，便會引起焦慮、憂鬱或恐懼，導致情緒與生理的緊張反應，影響我們現實中的表現。但是，適度的壓力卻反而可以提高個體的動機，促進工作的效率。

如何提高自己的應對能力？

迴避或面對壓力，是你自己的選擇。（當然迴避可以讓你暫時躲開，但問題還是存在的。）

壓力是相對的，沒有絕對。對你是壓力的事情對別人未必是，取決於你自己怎麼看它。

現在對你是壓力的事情，以後未必是，只要你學會應對的方式，你就能夠駕馭它。

意識到大部分的壓力來自自己：完美主義，受害者心態，對人對己過高的期望，主觀意識導致認知上的盲點，信心不足，缺乏應對方法。

處理衝突，面對壓力

有個學員問我：「明明是別人不合理的要求而造成的困擾，怎麼好像變成我的錯？為什麼不能要求對方改變呢？」在我的教練經歷中，看到許多人的一個通病，就是要得到我的同情。他們會告訴我別人怎麼不對不好，他們是受害的一方，自己很無奈，壓力很大，心裡渴望我認同他們的觀點。我認同他們的觀點又怎麼樣？壓力還在，事情還沒解決，而且讓他們更陷入消極心態，焦慮困惑的負面情緒。

如果有能力有資格要求對方改變，把壓力來源消除掉，當然最好。如果壓力來源是與老闆或某個同事的工作衝突，你有能力讓他們改變或有勇氣自己離職嗎？如

果壓力來源是與婆婆的教子理念不一致，你有能力讓婆婆從你的生活中消失掉嗎？如果無法消除壓力來源，那我們就學習面對吧！其實很多事情並沒這麼嚴重，只因為我們缺乏處理衝突的技巧和方法。

讓我分享兩個具體的案例吧。

A的壓力來自工作上的突發事件，讓他經常感到緊張焦慮。他之所以感到壓力有兩個原因：（一）他一直認為突發事件是不正常的。（二）他認為自己沒能力應付突發的要求，對自己的應變能力沒信心。一旦他接受了突發事件在這個行業是常態時，就不感覺那麼辛苦了。當他心態改變後，他開始學習應對方法。每當突發事件發生時，當下他還是會焦慮，不過會即時用肯言與自己對話：「我有足夠的能力面對這個突發事件。我的成功掌握在當問題發生時我如何應對，而不是問題本身。」現在他不怕突發事件了。

B感到最吃力的是，必須拒絕別人的要求。法國總公司的同事經常會要求他提供一些中國市場的數據，而有些數據是他手頭沒有的或需要時間才找得到。中國人較客套，別人有事要求時，就算心底多麼不願意，也不會斷然拒絕一些明知自己應付不來的事情。B經常抱怨，自己已經忙得透不過氣，為了這些事還要加班，國外同事為何不能體諒他的困難而少要求他做這些勉為其難的事？其實這種工作摩擦很正常，也很普遍。B如果調整自己的心態，學會協商技巧，以建設性的方式說「不」，便能減少很多不必要的壓力。用肯言自我鼓勵「我不是受害者，我和對方一樣重要，我有表達自己的需要的權利，正如對方也有權利提出他的要求。」B如果不學會有效的協商方式，不管在現在的崗位，或離職到別的地方，他會一直遇到這種情況，一直重複這個惡性循環。

不一樣的角色，就會有不一樣的看法和要求。有人互動的地方就會有衝突。衝突是必然的。那些不願意面對這個事實的人會一直抱怨別人不對，別人對他不好，別人應該配合，自己是受害者。
生活是離不開壓力的，與其迴避壓力，不如學會面對，與壓力好好的相處。

3步驟，學會與壓力相處

改變心態

把壓力轉換成動力，視它為驅動自己學習成長的機會。提高自己的能力，擴大自己的內在與外在資源，我們承擔壓力的負荷度也提高了。

採取主動

引起我們情緒困擾的原因並不是壓力來源本身，而是我們的受害者心態引發出來的挫敗感和無力感。通常一個問題的產生並不是單方面的問題，是人與人之間互動的結果。被動者可以轉換角色成為主動者，通過自己的努力參與把局勢扭轉過來。

學習技巧和方法

唯有接受自己在這方面的不足，我們才有動力去學習技巧，提高自己的能力。

面對壓力時，問問自己：

「我想要的結果是怎麼樣的？」

「以積極主動的心態，我會如何面對這件事？」

「要有效的處理這件事，我需具備什麼能力？」

永遠有三個選擇

不論何時我面臨到困難，我習慣先找出三個能解決問題的選擇，這是既理性又有效率的辦法。首先，這三個選擇必須是不帶批判性色彩，不去多想它的困難度或成功率有多少。接著，列出每一個選擇的優點與缺點。

只要我有三個選擇，就不會落入不知挑 A 還是選 B 的為難，這讓我在情緒上能更正面地處理所面對的抉擇。例如，我輔導過一位執行長，他總在抱怨他底下的人做事沒大腦，既用不對方法又欠缺緊急處理的意識，但是他又知道自己需要交代給手下去做，所以他跟我解釋他要不就放手不管，眼不見為淨，要不就插手下去親自完成。這就是典型「要不就……要不就……」（either……or……）的二選一

模式，人們傾向將自己框在非A即B的情況裡，這都並非是好的選項，而是應該要立出第三個選項來，讓這第三選項跳脫出另一個可能性來。因此，這位執行長的第三個選項就可能是，一起做，找出他們不會做的地方，再求改進。

二選一的方式裡，任一選項都多少會帶來無法感到滿足的結果：執行長若放棄，其他人永遠學不到成長；執行長若插手管，這些人仍學不到東西，而且糟糕的是，他們可能對自己的能力失去信心。因此，第三個選擇圍繞在「他們能學到些什麼？」或「我如何給予他們我的一些能力？」這開啟了去對話、輔導、教練，以及共同創造的機會。

08. Self talk

自我談話

My mental pattern is positive and joyful. Everything in my life is a mirror of the mental pattern that is going on inside of me.

我的心智習性是積極正面及擁抱快樂的。我的人生一切，都像鏡子一樣反映出我內心的心智模式。

I create wonderful new beliefs for myself. I create my experiences by my thinking and feeling patterns.

我建立對自己積極正面的新信念。我從我的思維及感受模式來創造新的人生經驗。

I choose to change my thinking. I choose to change the words I use.

我選擇改變我的思維，我選擇改變我的用字。我相信我的思維會因為我選擇的用字而改變。

有一天艾咪來找我,她說自己常常對下屬發脾氣,她試過要改變自己,但常常很難控制那股隨時想爆發的情緒,希望我能給她些建議,改改她的壞脾氣。

「我脾氣很暴躁,時常在下屬面前生氣。」

「你在老闆面前也會這樣嗎?」

「當然不會,在老闆面前再怎麼不爽也要忍。」

「這很好。表示你有控制自己的能力,只是選擇對象。那你現在用什麼方式?」

「我會告訴自己不要發脾氣。可是,很快就忍不住了。」

「你說『不要發脾氣』,那你想要的是什麼樣的情況?」

「就是『不要發脾氣』。」

「那就描述一下,不要發脾氣的情況是怎麼樣的?」

「不要發脾氣……就是……忍……我不懂你在問什麼?」

「那不發脾氣的相反情況是怎麼樣的?」

「哦!我懂了。就是平和的語氣,很有耐心的,微笑的。」

「那就對了。你想改變成這樣,可是你的內心還沒改變。如果你的內心還沒轉換過來,仍停留在脾氣暴躁的你,那麼,想改變是肯定辦不到的。」

「可是我向來就不是這樣好脾氣的人啊。」

「正是因為你內心的自我談話,你對自己的看法,一直是認為『我很容易發脾氣』,所以做出來的行為會跟內心的想法一致。現在只要你改變內心對自己的想法,認為自己是『我有耐心且平和地面對下屬』。你會發覺自己的行為也會相對地改變了。」

艾咪一直沒有達到她想要的目標,是因為她處理的方式不對。

一、沒有改變內心圖像。她內心的想法(自我談話)是:我就是個很容易生氣的
　　人。

二、沒有關注她要的情況。她內心一直強化「發脾氣」這個點，反而專注在自己
　不想要的情況上。

在引導她去思考的過程中，我讓她去想像她所要的情況。起初她想像不出來，漸
漸的，從模糊到清晰，心底開始出現「一個平和的人」的圖像。一直以來，她總
認為自己就是「一個暴躁的人」，可是現在這個新圖像卻在她內心產生衝擊。如
果她真心想改變現狀，那麼她現在必須做的是，強化這個新圖像，接受這個新的
自己。

你的思維，決定了你是誰

你是怎樣的一個人？別懷疑，此刻浮現在腦海的種種形容：溫柔、和善、自私、
小氣、慷慨、正義……，這一切都是你，你心中的想法，決定了你就是這樣的
人。這個關於意念的觀點，早在1902年前就有人提出來，《我的人生思考：意念
的力量》（*As a man thinketh*）一書的作者詹姆士・艾倫（James Allen），在書中
提出意念如何影響一個人的人生：

- 你的思維表現出你這個人，你的個性則是你的思維直接且完整地呈現的結果。
- 你心中的想法，決定了你是誰。你，是自己想法的主人，也是自我性格的創造
  者。
- 你為自己塑造出自己的樣貌、你眼中的這個世界，以及你的天命。

去年耶誕節有人送了我《意念的力量》這本書，我驚訝於百年之前就出現這類哲
學性思考：「你的想法，就是你。」而更重要的論點是，你可以去控制你的思
維，你可以去創造你自己；意即你所創造的未來，是通過你怎麼去控制自己的思
維方式來完成的。我們對這個世界的認知，正是透過我們的思維過濾後的結果，
思維就如同你的眼鏡，這副鏡片是黑暗、光明，抑或粉紅、慘綠，都會影響你眼
底的世界樣貌。同樣是杯裝了一半的水，有人看到還有半杯水，有人望見只剩半
空的水杯，你的思維方式是落在水面上的空缺，還是水面下的盈滿？就看你此刻
選擇戴什麼樣的眼鏡去看，畢竟，換副眼鏡，就能換新視野。

如果你也同意思維是如此重要，那麼如何知道自己的思維素質是好或不好？我們

又要如何去改變思維？我是透過自我談話的方式去找到這些答案的。

自我改變先從自我談話開始

自我談話＝思維、信念

思維、信念→表現、行為→影響、結果

剛進入社會後，身旁的同事不時對我說：「你這個人太嚴肅了，對人有點冷漠，這點要改。」我也知道自己這點要改，但，這個就是我啊，而且也不知該如何改變。直到有一天，我學會自我談話，使自己獲得改變，變得更親切大方了。我學習到：自我談話就是我的思維、我的信念、我的想法，而這一切的思維、信念、想法，正在影響著我的表現與行為，這些行為更直接帶出對我的影響、對周遭人事物的影響。當領悟到這一連串的影響時，我開始逆向思考：自己希望的結果是別人覺得我很開朗，所以我就要改變一些行為，而改變要從思維方式著手，再推回從自我談話去展開這個改變，然後終於明白：**真正的改變是要先從我心中怎麼想開始。**

這個學習過程對我來說是非常大的突破。

兩種類型的思維品質

一個人的表達方式，透露出他的思維是什麼，只是很多人還以為自己安然隱身於內心想法裡，沒有人能看穿自己。經過多年的輔導教練經驗發現，從人的談話模式可看出一個人的心態，這些談話成了線索，可歸類出人的思維方式有兩大類：限制性思維和解放性思維。

限制性思維（limiting beliefs）會對人產生限制性影響，會限制人去採取行動、讓人變得消極被動而陷入沮喪、失意、憤怒、無助等負面情緒。反之，解放性思維（liberating beliefs）會讓人更有動力去看清楚機會與可能性發展，以發揮自己的潛力，也帶給人正面能量與身心健全發展。

言談中透露了自己的心態與思維

限制性思維	解放性思維
我不能	我將不會
我應該	我能夠
那不是我的錯	我會全權負責
出問題了	有機會了
我從未滿意過	我要學習與成長
生命是多災多難	生命就是個冒險
我希望	我知道
如果能夠	下一次
我要做些什麼？	我知道我能處理
那真是糟糕	那是個經驗學習
我必須去	我選擇去
批判自我與他人	讚美自己與他人
他們毀了我的人生	我為自己的人生負責
我是對的，他們不對	沒有對與錯，只是有差異
我不夠優秀	我有自己的貢獻
我無法得到我想要的	如果我願意去做，我知道我行的

意識到你的自我談話

在你腦海裡不時所浮現的想法，其實就是你正和內在的自己對話。每個人每天大約有五萬個思緒在腦中回轉。你不難發現，自己每天其實會不自覺地在心中和自己說許多話，那個內心的自己正是最了解你的人，成了你最親密的朋友，因此若要找出是什麼阻礙了你前進？是什麼影響了你的成功？是什麼改變了你的人生？你那位密友最清楚。然而前提卻是，你是真的意識到自我談話的存在，並且認知到它是傾向於限制派還是解放派的朋友。

分辨出你的自我談話，或者說你對事情的看法，是屬於限制性或解放性，就能概略判斷出你會採取的行動方式。如果說你有位強勢的老闆，在會議上常常打斷你的報告並動輒長篇訓話時，你心中的限制性信念是：老闆都是這樣的，我沒辦法。於是主導你接下來的想法會是：就接受吧，不然還能怎樣？於是你的行為變成是迴避或默默接受。相反的，如果你心中的解放性信念是：我以前也遇過這樣的老闆，我知道怎麼處理。然後主導你的行為變成嘗試跟老闆溝通，或是在報告時講話速度流暢讓老闆很難插話。自我談話就是這樣去控制我們要去做或不做某件事。

自我談話的重要性在於，當你意識到自己的心態會讓你感覺有難以施展的限制性時，或是令你變得被動又消極時，你就要做出改變，去換一個能帶給你正面能量的想法。

肯定性的自我談話

自我談話它有可能是正面的，也可以是負面的，但真正對你會有幫助的是，你要能夠去分辨它是屬於限制性還是解放性。一旦發現思維已落入限制性的自我談話，就要及時的加入「肯言」（affirmation），去轉換成肯定自己的自我談話，才算是有效地運用自我談話這項技巧。

學習使用肯言，就好似重整你的思維狀態，按下情緒重新開機鍵，原先的負面情緒將被正面能量取而代之，帶給你更多更積極的內心談話，而這個思維升級技巧是有一套標準的，漣漪卡就符合這套標準。人的思維模式主要是依靠文字、圖像、情感，這三個元素所鋪陳而出的，文字勾勒出內心圖像，然後逐漸醞釀成某種情感或是情緒。因此，當我們要利用肯言來改變思維時，要從以下四點來進行：

一、肯言是個人化的

肯言是你要去肯定你想要的東西，別人不能幫你去肯定。別人可以稱讚你做得很好，可是只要你心中覺得你不行、你做得並不好，那麼其他人再怎麼誇獎都沒用。只有你去肯定自己，才能心生一切的勇氣與希望去達成目標，也才能讓自己

轉換心態，改變結果

我記得在寫這本書之前，已立意了兩年多卻還未見有何進展，那時我的自我談話是：「我不可能的、不行的、不會寫、中文不好、不會表達……。」就這麼讓計畫一拖再延的從未真正去著手進行，直到我遇到一位有過出書經驗的朋友，他覺得出書一點都不難，隔天馬上幫我聯絡一位他的編輯朋友，讓我與對方談我的出版計畫。這位編輯要我先試著寫點東西來，我真的就嘗試寫了一篇文章，很辛苦，於是我的自我談話是：「這是件很困難的事。」後來我意識到自己把出書的事拖了這麼多年，這當中一定存在很大的阻礙，應該是跳出來找一個不同的方式去解決阻礙。現在之所以能順利出書，是因為我的心態轉變了，我認為：「只要有時間，只要能靜下來，我就能做到。」

之後，我到書店去翻閱了很多書，發現大部分的書並不特別，我找機會調整自我談話：「其他人都可以出書，為什麼我做不到呢？」「先試寫一篇文章，如果不能出書也可以變成專欄，一篇一篇的專欄累積下來，不就能集結成冊了？」這股積極的思維方式，推著我走到如願出書的今天。

我希望這本書傳遞出的核心概念是：沒有一個人是完美的，每個人都會有負面情緒，只不過，你要知道怎麼去轉換成正面的東西，去掌握這個轉變的過程。

真正往前邁進。

有一點要注意的是，不要去肯定你不想要的東西。舉例來說，現在你正在減肥，你告訴自己：「我不要吃巧克力。」偏偏你腦海裡聽到巧克力，就會主動連繫到巧克力的圖像，喚醒香濃美味的感官，於是不自覺地嚥下口水，就發誓只要再吃生命中的最後一顆巧克力，才甘心減肥。這一連串的想法都是由於你的自我談話所激起的，真要改變的話，你要說的是：「我很喜歡吃蔬菜。」

二、肯言是積極的

寫肯言時，要避免帶給你壓力與負面情緒的字眼。假如這些文字是否定你、阻礙

你的話，那就不是好的肯言。文字會觸發個人的情緒。試著拿張紙，在左邊寫出你不得不做的事來，接著在右邊列出你所喜歡、熱愛、享受的東西來，當你思考著前者時，情緒是否嚴謹、專注、精神緊繃、無奈？當你想著後者時，情緒是否輕鬆、不設防、愉快？這就是自我談話的力量。

只是用字不同，馬上就能引發心中的想法，然後帶出你的情緒。所以當你發覺用這個字或說這句話會帶給自己負面情緒時，那其實也表示著，只要你心中有不喜歡就很難達到想要的改變。唯有正面的情緒才能推你一把，去改變自己。

三、肯言是現在式的

將肯言寫成你已經做到的完成式。比方說你的肯言是，我希望以後對家人會很有禮貌。「以後」這兩個字並不會帶來改變的動力，假如你改成，我對家人很有禮貌，這反而在腦海裡製造與現在狀況的差異衝突，這個認知上的不和諧，會促使你去達到你希望做到的未來改變。

四、圖像化的練習

人是會趨向內心所想像的東西，內心想像的東西會變成我們的行為，行為就帶出結果與影響。你的想像是正面，自然散發的能量就會是正面，成功也就更容易了。

舉例來說，你是個很內向的人，希望能變得更健談，才能對你現在的工作有很大的幫助，可是當你決心要改變，碰到得去新環境與陌生人交談的時刻，你心中如果依然想著：「哎，我就是不敢主動。」那根本就是又回到原本的你，什麼也沒改變。如果你在此前已先告訴自己：「我知道跟陌生人談話並不難，我只要找個人先主動自我介紹，我就達到目標了。」接著開始內心圖像化練習：「我走進會場，先找距離我最近的一個人開始，嗨，你好，我是……。」當你真的這樣去做時，其實改變已經在你身上發生了。一旦真的抵達會場時，原先在腦海中彩排過的情節，就會自然而然地順利演出。把自己放在某個你希望發生的場景，為自己編劇，先演練一番，在潛意識中將畫面印記下來，你就會有意識地在現實狀況中自然地做出改變，而將自己提升到另一個新層次。

漣漪關鍵練習
肯言造句

寫下你的肯言，時時刻刻帶在身邊，睡覺前起床後先想一遍，一天提醒自己幾次，讓你的腦海裡自然熟悉這個情況，然後實踐起來就不難了。

× 我將會以流利的英語與客戶交談。

○ 我用流利的英語輕鬆地與客戶交談。

× 我會努力地為準備考試而溫習功課。

○ 我努力地為準備考試而溫習功課。

注意：如果「努力」這個字眼會對你造成負面或排斥的情緒，那麼你就應該以其他字或詞來取代，你所選擇的用字，必須是能夠給你帶來舒服的感覺，例如「專心」、「享受」、「廢寢忘食」地溫習功課。

當個積極樂觀的人

擁有積極與樂觀，能使我們展開一段無限可能且充滿熱情的人生旅程，而非局限在了無生趣的無奈生活中。許多人心中不免認為自己受到很多限制，像被束縛住，過得並不快樂。積極與樂觀的本質，卻能扭轉不快樂的心態並且賦予人希望與勇氣去行動，而通過行動，我們不但得到結果，也認識了更多的自我與這個世界。

事實上，每個人都走在相同的人生路徑上：降生在這個世界後，循著同樣的儀式，蹣跚學步的小娃，走過彆扭倔強叛逆的青少年時期，踏進需要身分定位的成人世界，為自我貢獻與價值在工作上奮鬥，然後結婚生子，隨著歲月腳步走向年邁病弱，最後順從死亡的降臨。這段人生歷程，有人走得快樂，有人走得痛苦，但並不是說那些感覺快樂的人是因為他們沒遇上崎嶇難行的險道，總是走在舒坦的順境中，而是他們都有個秘訣：保持積極樂觀的信念，當遇到困難時就能獲得激勵，轉化逆境成順境。當人生無法盡如人意時，才更需要積極的動力去拉你一把。

有一本書叫《學習樂觀，樂觀學習》（ *Learned Optimisim* ），是我的心理學教授馬汀‧塞利格曼博士（Dr Martin Seligman）的學術論文，是一本有趣且容易閱讀的書，書中有許多重要的心理學探討：

- 人的無助感是「學」來的。人們傾向悲觀無助的行為，是因為累積了以前經歷過的挫折失敗。
- 不過，人還是有辦法「不學」這些悲觀的行為，只要你能夠改變自我談話系統，從悲觀主義改變成樂觀態度。
- 書中提供了一套檢測方式，看看你是屬於悲觀派還是樂觀派的人。

塞利格曼博士於1985年與美國一家人壽保險公司合作一項研究，作為招聘保險經紀人的標準。利用塞利格曼博士的ASQ歸類形態量表（Attributional Style Questionnaire）與壽險公司自己的工作評量表，從應試的15,000人中，依照公司的評量標準錄取1,000名保險經紀人，同時並另外錄用雖然應試未達標準，但卻在ASQ評量中顯示具有樂觀特質的前100名作為儲備人員。兩年後，那群正規招募進來的人之中，樂觀者的業績比悲觀者多31%；額外特別招聘進來的人，其業績則比悲觀者多上57%。

宇宙有項不變的通理：態度決定一切。那麼，我們該持有的態度是哪一種？樂觀或悲觀？持有樂觀的態度就等於為成功機率加碼。當我把樂觀主義與悲觀主義的行為模式引介給那些我所輔導的經理人時，我發現有趣的是，起先他們會出現抗拒心理，直覺地拒絕要樂觀的想法，因為他們覺得那樣很不切實際，也過於天真。他們講求當個實際主義者。當我進一步請他們定義實際主義時，所得到的說法不外乎：要接受事實，因為你無法改變它們；人生是殘酷的，盡是你無法掌握的事。

在我看來，這群經理人被「他們無法做改變」的信念所支配，因而無力去發揮對周遭事物的影響力，也對發生在他們身上的事無能為力。說穿了，事實上那些自稱為實際主義者，不過是自我否認罷了，他們有著無助與無望感的灰色思想，只是還沒悲觀到黑暗的地步。姑且不論他們的能力或天分，只要存有「無助」的態度，就無疑限制了他們的能力去做出任何改變。

塞利格曼博士對樂觀與悲觀的解釋

樂觀主義者：	悲觀主義者：
從個人力量的想法中，對失敗做出反應。	從個人無助感的想法中，對失敗做出反應。
認為壞的情況只是一時的挫折。	認為壞的情況會持續好長一段時間。
能從某些特別的情境中抽離出來。	會逐漸抵損每件他所做的事。
相信藉由個人的努力與能力，能夠去克服一切。	認為都是他的錯。

悲觀者一旦遇到事情出狀況時，會認為是自己的問題，會自責且擴大事態。反之，樂觀者是縮小問題點於事情的本身。兩者的處理態度各有不同，是因為兩者的自我談話有很大差別，不過只要懂得如何去改變他們的自我談話，事情最後的結果一定能有所不同。

樂觀養成術

樂觀是可以學習並培養的，它需要你有意識地去努力，才能達成。

一、首先要察覺到自己的心智狀態。

二、評估自己的狀態是處於哪個領域，因而有著限制性或負面思考。

三、改變自己的自我談話，練習解放性思維的自我談話。

試著改變你的自我談話，在表格右方寫出正面的積極談話來。（如果對於自己寫下的內容希望獲得更多的建議或討論，歡迎將你的自我談話以電子郵件方式寄給我 tanyeeming@thirdthinking.com。）

限制性思維	解放性思維
如果男友和我分手的話，我活不下去	
我不善於跟陌生人交談	
我害怕會越來越老	
我害怕坦承自己的真實情感	
我是個失敗者	
我不敢在會議中發表意見	
為何他們都這麼蠢？	
每件事情我都必須做到完美	
這都是我同事的錯	
你為何要破壞我一天的心情？	
沒有人欣賞我	
在我這公司沒有加薪升官的機會	
我不能讓其他人知道我的缺點	
我老公（老婆）快把我逼瘋了	
我害怕老公（老婆）不喜歡我的身材	
我討厭我的身材	

 漣漪關鍵練習
七個方式讓你更樂觀

一、接受讚美，並優雅地說：「謝謝。」

如果有人稱讚你，那當然一定是對方覺得你有值得被讚美的地方。可是自小接受「做人要謙虛」的道理，卻無形中限制你去享受那個讚美，讓你無法坦率地感覺自己真的很棒。有天我跟一個六歲的小男孩以及他母親同搭電梯，小男孩幫我按了要去的樓層，我謝謝並讚美他的幫忙，相較於男孩靦腆的安靜，他母親則接話說：「這沒什麼，他不是天天都這麼乖，平常不是這樣子的。」我不禁納悶，為

什麼男孩不該得到他應有的鼓勵呢？為什麼他的良好行為要被母親抹滅掉呢？我倒是希望他母親可以簡單地告訴男孩：「跟人家說聲謝謝。」

二、培養一個新習慣，寫出感謝名單，一週一次。

為自己保留一段寧靜時光，或許是星期天晚上，一個即將開始新的一週前讓心情沉靜的時刻，寫下你生命中所有讓你感恩的事，不論那些事可能有多麼的微不足道。

三、每天再次造訪心中那些「讓你感覺美好的事物」。

每晚就寢前，流覽一遍此刻盤踞在你心頭上的美好事物。每回我問剛上小學的外甥，今天在學校過得怎樣時，我注意到他總是習慣跟我報告些他不愉快的事。於是我有意識地引導他先回答些比較愉快的事，從好的事情中讓他肯定自己，比從不好的事情中讓他學習改進，要來得更能鼓勵他。

四、為何不？（Why not？）

如果對於別人的意見，你很習慣回答「不行」或「不能」，試著讓你的回應變成「好的」、「當然行」、「為何不？」「讓我們考慮看看。」你會注意到，在你與其他人的人際關係裡，開始出現一種正面的積極的改變。

五、表現你的參與感。

積極的意思是，要參與其中，表示你有興趣，並主動去尋找解決之道。當你百思不解時，主動提問，去求證。你不是被動地等別人來解答，而是對尋找答案做出貢獻。

六、練習可能性思考（possibility thinking）。

藉由衍生而出的選擇，你可以訓練自己的思考。總是列出至少三個選擇方案（兩個太少），不要因為你自己覺得它不可行就淘汰掉選擇方案。例如，莎拉喜歡她的公司但無法忍受她老闆的行事風格，她感覺自己陷入「我沒得選擇」的地步。

事實上，她有許多的選擇：

A.繼續待在這家公司，覺得自己很可憐。

B.繼續待在這家公司，學習去看到她老闆好的一面。

C.繼續待在這家公司，開始跟老闆溝通，改善兩人的相處方式。

D.繼續待在這家公司，尋求人事部門的協助，或許考慮調到別的部門工作。

E.辭職，找新工作。

七、跳脫中國的傳統窠臼思想。

在中國人的文化背景，習慣於把話不講滿、不挑明，生怕萬一做不到成了笑話。我們將失敗視為洪水猛獸般可怕，也很怕丟臉地在乎別人怎麼看自己，這些舊思想都成了二十一世紀的包袱與限制。人生難免遭逢失敗，沒有挫折就不知道要學習。只要願意繼續成長，就會面對種種的失敗與挫折，這都是正常的，那促使我們踏出舒適區。所以應該感謝錯誤的發生，因為那表示我們有勇氣去嘗試並且冒險。

09. Make a difference

世界因你而不同

I am connected to all life. I can either help to destroy the planet or to protect it. Everyday I choose to send loving and healing energy to the planet.

我們人類是跟所有的生命連接在一起的。我可毀滅這個地球，亦可保護它。我選擇每天向地球發送具有愛心和療愈的能量。

迷思

1. **我們只是群渺小的小人物，無法改變些什麼，無能影響什麼。**

   傳統教育下所造就出的無奈與無力感，讓我們是去適應社會，而不是改變社會。

2. **對這世界與全人類有所貢獻，意指要做出崇高偉大的事來，就像是發明電燈泡、發現盤尼西林，或是找到治療愛滋病的處方等等。**

   每一個人其實都有他對世界的獨特貢獻，重點是這個人只是在「想」，還是付諸「行動」。

漣漪測驗：你的自我改變力量來自哪裡？

在下列問題中，選出你同意的說法。計算一下，你是選A多？還是選B多？

---

1. A. 人們生活中很多不幸的事都與運氣不好有一定的關係。
   B. 人們生活的不幸起因於他們所犯的錯誤。

2. A. 想要知道一個人是否真的喜歡你很難。
   B. 你有多少朋友取決於你這個人怎麼樣。

3. A. 一個人如果犯錯，不管如何補救都很難翻身。
   B. 犯錯或失敗後，只要面對它，更加努力還是會得到結果的。

4. A. 很多時候我感到對自己的遭遇無能為力。
   B. 我不相信機緣或運氣在我生活中會起重要作用。

5. A. 工作環境是很難去改變它的。
   B. 我有能力改變自己的工作環境和生活品質。

內控與外控的自我改變

我覺得這個內容應該放在第一章節。控制點是大多數人覺得對他們的個人成長最有幫助的一個概念。

心理學有一個術語叫做「控制點」（locus of control），是指人們對影響自己生活與命運的那些力量的看法。心理學家一般將控制點分為兩種類型，即內部控制和

外部控制。上述測驗中，選擇 B 較多的人，是屬於具有內控特徵的人，他們相信自己所從事的活動和活動結果，是由自身的內部因素決定的；也就是說，他們相信自己的能力和所做的努力能夠控制事態的發展。至於選擇 A 較多的人，則是具有外控特徵的人，他們認為自己受命運、運氣、機緣、大環境和他人的擺布，這些外部複雜且難以預料的力量主宰著他們的生活。

外控者會將成敗歸因於外在因素，例如考試高分是因為猜題的好運氣、工作順利是因為幸運碰到好老闆；失敗則是因為題目太難、上司對他有偏見。因此，不論學習與工作的成敗如何，他們都缺乏積極行為，而把希望寄託在外在條件的改善。這種類型的人覺得自己無法影響生活中所有的一切，認為凡事皆是天注定，並且會把問題或困難視為一種威脅而迴避。他們其實並沒有什麼個人抱負，對自己的目標也沒什麼承諾，他們只會尋找藉口並把責任歸咎他人，或是把自己看成是個受害者。換句話說，他們其實把自己生命的主宰交給了別人。

內控者的成就動機要比外控者來得強。內控者認為自己是命運的主宰，他們把學習成敗歸於自身特質，例如成功是因為自己的勤奮和聰明，失敗是自己不夠努力。成功帶來的是鼓舞和自信，失敗則意味著只要付出更多努力就行了。這種類型的人思維模式素質比較高，因此行事有成效；也就是說，他們相信自己有能力促成事情發生，故而產生行動力。希望促成什麼事，則取決於你想要的是什麼。你想要什麼樣的事業、成為什麼樣的人、擁有什麼樣的生活和理想，或者想要一個怎麼樣的家庭、社會以及世界？

「控制點」這個心理學觀念，能讓你更深入地了解自己的思維素質為何。如果你的思維屬於外在控制點，那請看第八章的《自我談話》，學習把自己的控制點向內移。二十一世紀需要的人才是那些會採取主動去貢獻的人，而不是那些覺得自己無能為力、等待別人先採取行動的人。

一己之力如何為社會做出貢獻？

一、做個漣漪人（RippleMaker）

當我開始做漣漪卡時，仿佛一種覺醒，發現自己也有改變社會、改變世界的力量，而這個改變的點就是從我自己開始。出版漣漪卡的用意，不僅是在產品的銷

售本身，更是產品所代表的精神。

這個世界充斥許多負面能量，無形中變成一種惡性循環。丈夫在公司被老闆罵，搞得他心情不好，回家就罵太太沒用心燒菜做飯。太太無緣無故地被罵，就進入廚房大罵菲傭沒把廚房打掃乾淨。菲傭覺得很委屈，於是到後巷去踢等飯吃的野貓出氣。這樣的惡性循環何時會結束呢？其實，我們每個人都有能力打斷這惡性循環的。

如果我們期待別人先改變，等待外在環境先改變後自己才來適應這改變，那你可能要等一輩子。如同甘地講的：「唯有改變自己，才能改變社會。」（be the change you want to see in the world）我們可以以身作則，採取主動，先改變自己，世界就會因你的改變而有變化。例如不希望有「以大欺小」的行為時，就先要求自己做到「對人尊重禮貌，一視同仁」。不管是對老闆或下屬，對客戶或供應商，對父母或自己的孩子，對陌生人或親人，都以同樣禮貌、尊重的模式交流。

當自己陷入惡性循環時，例如覺得自己受了氣、受了委屈或受了壓力時，選擇有效的、有建設性的處理方式，而不是把自己的負面情緒散播到別人身上，因為注重自己性格上的修養、有效地處理自己的負面情緒，是每個人一生的修養工作。僅做到不散播自己的負面能量，我覺得還不夠，一個更好更高的境界應該是：主動地傳遞正面能量。我不但不找人發脾氣，不欺壓別人，還會主動以肯定、讚揚、認同及感謝別人等行為來製造積極正面的能量，帶給別人一種受重視、愉悅、快樂的感覺。這就是漣漪人精神。

甘地曾說：「我的一生正是我的訊息。」（My life is my message）你的人生、你的作為帶出的是什麼訊息呢？有些人問我：「別人對我不好，我為什麼要對他好呢？」持有這想法的人可能也相信：「因為社會上有人會騙我傷害我，所以我也要騙人傷害人。」依照這個邏輯，因為別人對你好，所以你也會對他好，那我們是不是應該馬上從自己開始對別人好，就能夠引起別人對你好？這個邏輯的思考關鍵在於，誰來開始這個善的循環？過於精明算計的人可能會等別人先開始，但何妨換另個角度來看，由我先開始，意味著我的世界馬上就會變得更好，因為我的善舉帶出了別人善良的一面，激發出許多正面的漣漪效應。

漣漪人（RippleMaker）的精神是：

1. 以正面為出發點。

2. 以良性的、正面的思考認知事物。

3. 所言所行都能帶出正面的積極能量。

4. 相信世界會因為我自己的改變而開始改變。

分享的漣漪

我在上海一家美商公司為主管們上「積極心態課程」。我的客戶前一天打電話給我，說有另一家公司的培訓師想旁聽我的課，因為我的課畢完後，接著就是他的課。他希望通過旁聽，能夠把我的東西也融進他的課程中。很多講師是不願意這麼做的，他們認為同行競爭，不希望別人學到自己的東西。我當時可以拒絕旁聽這個要求，但我完全沒有那層顧慮，我只覺得對方這個提議很好，對學員的吸收有幫助，對客戶也有好處。第二天，這位培訓師靜靜地在教室後面聽課。休息時，他過來跟我聊天，還分享了一些他覺得對我課程內容有幫助的一些教材和活動。我覺得自己那天的收穫好多。自從我開始當個漣漪人，我發覺到生活中不時有這樣的美好漣漪出現。

二、做個悅日人？Daymaker

悅日人是通過為他人製造快樂來創造自己的快樂。悅日人的概念並非無私，而是自利的，其主要意圖是：我想創造自己的快樂。只要去在意每一天你所遇到的人，不論是認識的人或陌生人，付出你的一點小小心意，讓他們覺得有受人重視的感覺，因而覺得自己很重要、很聰明、很美麗，或是很獨特。我在台東的一位好朋友做過一件這樣的事。在一個市集，他看到一個賣氣球的老先生手中還有一些氣球，大概台幣一千塊左右。他決定做一件事，當下掏出一千塊，把氣球全部買下來，然後叫老先生把氣球送給市集的小孩們。老先生賣完氣球當然高興，小孩得到贈送的氣球當然也高興，而獲益最大的卻是我的朋友，他做了許多人的悅

日人，也讓他自己非常快樂。

三、做個愛護環境的人

許多人認為，環保是那些有錢國家或不用擔心生活的理想主義者才會做的事。坦白說，環保概念對我來說是既模糊又陌生，一個人的力量有何用？但是我也意識到人類的行為傷害了地球以及我們的居住環境，並增加了地球的溫室效應。我開始關心有哪些行為可以減少對環境的傷害、避免不必要的資源浪費，以及創造永續性。當我開始關注環保永續的議題時，發覺世上有許多人，他們默默努力於推動環保的經營方式，教育了像我這樣的人，方知原來個人的綿薄心意，能匯聚成不可忽視的力量，改變這世界。

通過旅遊於不同國度，我對環保的認知更有所成長，地球是大家的，生態環境對每一個人都有所影響，每一個人都該對此負起責任。

• 每年，來自印尼卡裡曼丹的森林大火，煙害與空氣污染波及新加坡和馬來西亞，影響上百萬人的健康與經濟。
• 香港的空氣品質越來越惡化，使得我那些有孩子的朋友們選擇離開香港。
• 缺乏能源與資源，會影響到社會的發展與人民的生活條件，像是秘魯、印度的村落，我看到父母們沒有讓孩子去上學，反而是要孩子去分擔家務，像是長途跋涉的挑水、撿柴等，來幫助家裡生活。
• 我在上海住處的女房東，會在冬天時穿很多衣服禦寒，以省下開暖氣的電費；而我就只穿著薄薄的毛線衣，將暖氣溫度調高，讓自己感覺很暖和，而且我也經常讓十幾項的電器用品同時開著用電。

當我開始正視周遭的環保行動，我檢視自己在水、電方面的消耗方式，是否真的需要同時開這麼多燈？有多少電器用品是需要處於待機狀態？如何在夏天時善用窗子迎接自然風的涼爽？刷牙時是否水龍頭的水一直開著？即使只洗幾件衣服，是否仍讓洗衣機水位裝滿來洗呢？去超市購物時，我浪費了多少塑膠袋？

一旦我意識到自己的習慣，便可以採取行動去降低我在能源與資源上的依賴。現

在的我已經改變了消費習慣，當個有社會責任心的顧客，在消費前即提醒自己：所買的東西是否不污染這世界？它能長久使用嗎？我支持什麼樣的產品？我是否選擇支持以永續性與環保為經營核心概念的公司？因此我每一次的消費決定都是一次投票。我們可以從小地方著手做環保，就從自身先開始做起。

- 再生
- 回收
- 重複使用
- 節約
- 負責任的消費行為
- 以實際購物來支援你認同的品牌及廠商

為地球的永續性而做出改變的建議：

- 購買天然的個人保養品，如化妝品、洗髮精、沐浴乳等。
- 利用二手紙列印或傳真。
- 紙類產品使用再生的材料，或原料是來自永續的森林產業。
- 使用不會傷害地球環境的洗潔劑及清潔用品。
- 在你的包包裡隨身攜帶購物袋。
- 包裝材料最好能再利用，我不喜歡過度包裝的東西，尤其是無法再被利用的包裝。
- 購買有品質又耐用，經典永不過時的產品。

- 不浪費食物。像我一個人生活且常常出差，有時候出遠門，想到新鮮蔬果在冰箱裡放久也會壞掉，就會將它們都拿去送給鄰居或送警衛，希望他們能幫我不浪費食物。我已經有五年沒吃魚翅了，因為不願意鯊魚為我而死。
- 二手物品。有些人不大願意使用二手物品，但二手物品就是一種重複使用。珍惜有品質，有風格，有設計感的二手物品已經是一種生活文化。

過去一年在台東的都蘭建立了第三個家（第一個家在香港，第二個在上海），在

都蘭生活，開始有機會接觸大自然，發覺自己須學習的太多了。如果想學習永續性的生活方式，我建議從接觸大自然開始，多參與戶外活動及戶外生活，讓我們融為大自然的一部分，而不是把自己與大自然隔開來。

10. Be a learner
當個學習者

I am willing to learn something new every day.

我願意每天都學習新東西以充實自己。

All my changes are easy to make. The moment I am willing to change it, it is amazing how the universe begins to help me. It brings me what I need.

我的所有改變都是很容易做到的。一旦我決心改變，很奇妙的是整個世界都會幫助我，提供我需要的資源。

迷思

1. 一位優秀的學習者＝知道答案＝知識的累積。

2. 有了證書和學位，就表示你是個學習者。

3. 知道某事，代表你已經學會某事。

事實是，真正的學習，只發生在當你的行為改變、當你養成了新習慣的時候。

你是個學習者嗎？

請先回答下列問題。

我最後一次嘗試新的異國料理是……

這十二個月來我從事的新嗜好是……

我上次換髮型是……

今年我要達到的三個目標是……

去年我已達到的目標是……

今年我在改善自己的外表上所做過的一個改變是……

今年我在改善自己的態度上所做過的一個改變是……

今年我在改善自己的工作表現上所做過的一個改變是……

今年我在改善自己的生活品質上所做過的一個改變是……

上個月我所學到的一個新信息或知識是……

我把新知識應用到我生活裡的方式是……

何謂學習？

學習＝成長

學習＝保持年輕

學習＝謙虛與不足

學習＝包容

學習＝不重蹈覆轍

學習＝新的可能性

學習＝希望與熱忱

學習＝與世界同步

學習＝開始你生活上的改變

開始改變或適應改變

理性的人會讓自己去適應周遭環境；非理性的人堅持要改造環境來順應自己。因此，所有的進步全繫在這個非理性的人身上。A reasonable man adapts himself to his environment. An unreasonable man persists in attempting to adapt his environment to suit himself. Therefore, all progress depends on the unreasonable man

—— 蕭伯納 George Bernard Shaw

唯一永恆不變的是改變，這是不可否認的真理。佛陀開釋「諸行無常」，意指宇宙裡沒有什麼事物是永恆的，我們生命的每一秒鐘都在發生變化，身體的新生細胞汰換老舊物質、情緒陰晴不定、需求與想法也不斷改變，又或者是客戶的需求不時要求更改、客層消費模式的改變、市場的形態轉變、經濟體制的變動等等，在這變化萬千的環境下，那些跟上潮流腳步的人能夠適應外來變化，至於無法適應的人則不免被歸在過時的族群。不過，倒是另有一類族群，他們不去順應這世界，而是去做些改變，讓其他人反過來順應他們。

能夠適應外來變化的人，通常也跟得上世界的腳步，這是因為「改變」被迫來到他們面前而不得不跟著回應，屬於被動勝於自發的接受。這段改變經歷往往也是挺痛苦的才適應過來。他們為生存而「必須」改變，這是一種生存戰略，而非是「想過更美好生活」的策略。

如果你希望創造一個自己想過的人生，那麼你就得反向操作：**與其讓自己去適應環境，不如由你將環境改造成適合你的樣子**（尼爾森・曼德拉 Nelson Mandela）。曼德拉沒有讓自己適應南非那個分裂的社會，而是更努力去消弭種族界限，去改變環境來符合他的信念。來自美國科羅拉多州丹佛的艾力克・威恩梅爾（Erik Weihenmayer），在2001年，他22歲時，成為首位征服世界高峰珠穆朗瑪峰的視障人士，儘管他雙目失明，卻仍有毅力去創造配合他的環境、並達成夢想。理查・布藍森（Richard Branson）在他的書中，分享一個自己的成功之道：「要成功，你必須事事躬親，並及時行動，假如你有個優秀團隊及一些幸運時機，你更有可能使計畫成真。不過，僅靠遵循他人的模式，是肯定無法達到成功的。」

或許上述名人的成功例子，看不出有哪點能適用在平凡人如你我身上，那就再舉

個更平凡的普通經驗。我住在香港的跑馬地，那一區有許多房屋仲介業，三年前這些店家窗戶上都貼滿著出售或出租的簡單廣告單，寫著「仁愛大廈，實用面積七百五十平方尺，二房，採光佳」；今日店家們早已改成彩色作業，並附照片說明。這些改變都是源於其中一間仲介先出的點子（這家業者的改變在於：投資數碼相機、彩色打印機、花時間處理影像並製作廣告宣傳單），其他業者為了搶業績也跟著改變銷售形式，因此現在這區的仲介服務水準相對也提升許多，這對賣家、買家，以及仲介商而言，都是好的改進。

如果你認為改變是件好事，你會如何做？所有的改變都開始於你心中的一個念頭。你敢去夢想嗎？敢去設想一個現狀外的不同結果嗎？我向來相信，事出必有因，「**所有真正且持久的變化，都先源自於我們內心，然後再逐步地向外轉化。**」你必須去找到那個源頭，而尋找的唯一方法是，擁抱改變。

有創造力的緊張衝突

布藍森的另一個人生課題是：「我生活的樂趣在於，給自己立下那看似不可能的挑戰極限，然後試著去克服它。」目前他的夢想是讓太空旅行成為一種新的服務。他的「無界限」人生態度，使他得以尋求任何能達成目標的極限。

預視未來，是每個成功者擁有的重要特質。他們能看見未來的自己會比現在更好且更不一樣，他們能設想一個比今天更好或更不同的環境，並且擁有具創造力的緊張，運用它來創造人生的成就。

現實 current reality	願景 vision

現實與願景這兩者間的不同在於「創造力的緊張」，「緊張」（Tension）能將我們從現實中帶到願景去。潛意識裡，心智會自行找到有創意的結果，來幫助我們實現願景。據「格式塔」（Gestalt）派的心理學家所言，我們總是在心中串連整合著一些潛能，這是人的第一天性。當面臨困難時，我們就會緊張，並且下意識地蓄積精力和智力以解決眼前的困難。一旦解決了難題，我們的精神以及創造力就自動關機，因為問題解決也就不再需要它們了。

舉個簡單例子，將一條橡皮筋用雙手撐開，上面的手代表你想成為的人，下面的手代表你現在的狀況，而橡皮筋的緊張狀態是由兩隻手所創造出的。創造力來自於一方不滿現狀，而想改變現狀的結果。如果一個人的願景是模糊不清，而且現實中也沒什麼好不滿的，那麼具有創造力的緊張就會把我們拉回現實。

我們必須對現實有明確的了解，不帶偏見亦無誤解地了解現實狀況。要做到這點就需有高層次的覺知。關於發展自我覺知，請看第四章的《認識自己》，承諾和信任的立基點是不自我欺騙，而非尋找藉口去合理化一切。如果假裝看不到缺點，或裝作錯誤不曾發生，就永遠不會進步。

主動做出改變的三步驟

一、設定目標

設立目標的方式有兩種，一是慢慢地逐步在進步，二是蛻變轉化。

很多人不去設定願景和目標，主要是他們誤認為這樣做會帶來壓力，其實這樣做才會有動力。這種創造動力（是一種心理的緊張 tension）只出現在現實與願景有落差的時候。一旦現實與願景失序，我們潛意識會產生動力與創造力去減少落差。

在設定目標時，人們常犯的另一個錯誤就是，從眼前的現實先著手。假設說現在的收入有1億元，目標是明年增加10%到1.1億元，像這類的目標設定能得到你想要的卻無法使你有何蛻變，或許因此錯失賺到1.2億或1.5億的收入。正確的方法是把目標定位在想得到的最終結果，而不是從現實開始。一旦願景清晰，你再回過頭來評估現狀，看看到底距離願景還有多遠，以及需要哪些努力才能更靠近願景。這段距離必須要夠大，才能製造衝突；換言之，如果在你設立目標時就已經知道該如何達成，那麼，你這個目標太容易了，不會帶出創意與動力。

二、對目標做出承諾

定下目標之後，就必須要對目標做出承諾。

如同許多忙碌的現代人，我忽略自己的健康，縱容自己以壓力或沒時間為理由而養成不良飲食習慣，我的體重這四年來以每年胖兩公斤的速度，已整整超出標準

體重的15%，但是我給自己許多理由（其實是藉口）：

- 我沒空運動。
- 我總是很忙。
- 年紀大了本來就容易變胖。
- 我是易胖體質。
- 我不去量體重。

我不以現實為評估條件，反而去合理化變胖這件事，直到再也無法掩飾變胖的事實為止。某天，去探視剛生完第三胎的妹妹，我才驚覺於自己個子沒比她高卻和她一般重，這事實使我大受打擊。正因為不滿意自己的狀況，促使我正視情況，立下要回到四年前標準體重的目標，然後開始找出可能性方案：飲食控制？改變生活方式多運動？雙管齊下？還是先專攻一項？找減重同伴？尋求專業？最後，我給自己一個能輕易在生活中做到的飲食控制承諾。

減重計畫實行七周下來，目標達成率50%，還有另外50%的落後進度，是因為出現了挫折。剛開始四週，減重計畫頗見成效，主要歸功於那段時間我的伴侶出差，讓我得以按計畫控制飲食。但是他出差回來後，減重計畫幾乎功虧一簣，敗在每天吃外食與少運動。我怪他總用食物來引誘，使我減重老是失敗。帶我去吃好吃的東西，是他表示愛意的方式，但最後總會為了吃這件事而吵架。看來，如果我想跟他在一塊，就得將減重拋諸腦後，否則就希望他趕快再出差，這樣才能繼續減重計畫。

為了跨越這個難關，決定尋求他的支持與承諾來幫我達成目標。我清楚告訴他，需要他的支持。那表示他必須改變品嚐美食的行為，而我也要為自己的決定負責，儘管美食當前我得要有定力才行。許多人無法達成目標的原因在於，沒有抱著不惜代價的精神去達成目標，反而是一遇到挫折就放棄了。若照以前的習慣，我一定輕易放棄減重，但這次不一樣，我調整達成目標的時間表。現在，仍在努力中。

當立下這目標時，我的教練拿以下的問題來測試。

教練：你是否願意不惜付出的去達到目標？

我說：我想是的。我會盡力。

教練：我是指你是否願意不惜付出地去做。

我說：任何的付出我都會做。

教練：你忽略「不惜」這字眼。

我說：嗯，我不確定自己可以做到那麼多，就怕會有無法持續這計畫的時候。

在我發現自己會說出這樣的話時，我知道這是在給自己找退路。還沒開始，就先允許可以失敗。

三、就去行動吧

身為教練，即便接受輔導的人說：「我懂了。」我的工作任務仍不能結束。這只是一個宣告我們將會開始做的訊息，那是一個讓我們做出內在轉變的信號，行動則是將內在徹底轉化的表徵。因為行動，我們就會看到結果與影響。

大道理每個人都懂，也都知道應該做什麼，可是大部分人都做不到。這到底是什麼原因呢？你內心中是真的要達到這個目標嗎？對你來說，這個目標真的是這麼重要嗎？你願意付出一切來達到它嗎？要知道，這世上沒有不勞而獲的成功。

身為一個成人，當我們付諸行動時，去明白我們是如何從做中學習是很有用的。經由行動所產生的回應，能帶領我們判別自己走的方向是否正確；如果這個回應是正面的，我們就知道目前走的方向是對的，只需要持續走下去，讓它變成我們的習慣；如果這個回應是負面的，我們就需要修正並調整我們的行動以及認知，然後再試一次。

學習的循環圖表

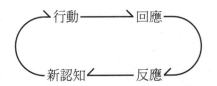

多數人會犯的錯是，當我們首次遭遇到挫折時，就拋開目標或降低標準。

站在舒適範圍之外

莎莎是我最近在香港教練的一個學生，她希望改掉自己在面對部屬時容易顯露出不耐煩的樣子。我要求她做兩件事：

1. 寫下肯言：「當我的部屬帶著問題來尋求解決時，我很輕鬆並且平靜。」
2. 影像化整個過程。先想像自己正在發脾氣的情境，然後換個情境，想像你變得非常的平靜且放鬆，即便部屬來問你很煩人的問題時，也感到鎮定。

莎莎對這兩項要求感到困難。

針對第一項行為來說，她覺得那樣很虛偽，一點也不像她，因為她自認是個容易抓狂、愛發飆的人。至於影像化這回事，她實在也很難想像自己是個平靜又鎮定的人。我要求她把自己當成一個演員，必須扮演好這個角色。幾次練習後，她變得很有自信，且能將自己想像成是個平靜且輕鬆的人。

漣漪關鍵練習
如何開始做到「學習」這件事

- 訂閱雜誌。涵蓋廣泛議題如《國家地理雜誌》、《時代》等。
- 使用 Google 搜尋網路上的最新信息。利用 wikipedia.org 獲取百科知識。
- 每天學個新單詞。使用單詞造個句子，並將這些用詞帶到你的日常生活對話裡。
- 交個新朋友。擴展你的社交圈，通過新朋友開闊新視野。
- 培養新嗜好。為生活增加新樂趣，如新愛好、新料理、新髮型等。
- 變換做愛新招式。嘗試新方法去接觸你的愛人。
- 參加避靜靈修。你會更專注在與自己溝通、去認識自己。
- 為你的旅行注入學習成分。確保你於旅行中都參與學習課程，如烹飪、藝術、舞蹈、手工藝、語言等。
- 當你去旅行時，讓自己嘗試當地特色料理。
- 旅途中與當地人多接觸，請他們告訴你目前當地的頭題新聞是什麼。
- 在旅行地學會五句當地人的語彙。

當做出不同的行為時，你表現得不像是原來的你，就表示已跨出了那道舒適範圍。這麼做可以得到不一樣的結果。影像化能幫助你一開始先在心中預演一番，勇於讓自己有所不同，當你持續一段時間，就會更習慣那個新的自己。一旦你在現實生活中也這麼做時，會發現要改變成新的你，是不費吹灰之力的事。

模仿力是個能帶你跨出舒適圈的好方法。在我學習成為一個輔導員時，我的指導員問我欣賞他哪三個特質，然後給了我一項任務，針對那三項特質去模仿他特殊的行為。令人驚訝的是，在結業時，我竟然輕而易舉地也擁有那些特質。「模仿他人」在多數時候是一種潛移默化的行為，這個方法的危險性在於，不會意識到自己模仿的是好或不好的行為。一個真正有效的學習者，會有意識地為自己所獲得的東西做出選擇。

漣漪關鍵練習
如何帶動你的內在改變

1. 建立一個新願景。問自己三個問題：a. 我要什麼？b. 如果我能選擇，什麼是理想的結果？c. 使用影像化技巧（visualisation）把願景明確具體化。

2. 先立下願景後，才對現狀做個評估，例如：如果你立下目標要參加三項全能運動，你雖然在念書時代是個運動員，但是這5年來已經沒有規律的運動習慣，一下子要去參加三項全能，這之間的距離實在太大。

3. 探索所有可能的解決方案，讓你更靠向目標。

4. 想出一個行動計畫，例如：第一個月每兩天慢跑一次，你的近程目標是四週完成十公里。第二個月每一週跑兩次，開始每週騎車一次。第三個月每週跑一次，每週騎車一次，每週游泳一次。目標是最後能游完5公里等等的階段性計畫。

5. 只管去做。接受自己非得面對的障礙點，努力去找到解決方式克服它。對於自己的每一項進步，都抱以鼓勵態度。

6. 慶祝你的成就。

11. Bring out the best in other people

帶出人最好的一面

It is easy for me to see the strengths and values of other people.

看到別人的優點及價值，對我來講，是很容易的事。

迷思

人都有惰性。有些人一定要靠打罵、懲罰、強逼、監督才行。

CASE
不要帶出人最糟糕的部分

有一位執行長，他總是將人最糟糕的部分帶出來，給人帶來負面能量，包括我在內。

我已經為這家公司服務有一年多了，他是新上任的執行長，當我第一次被介紹跟他會見時，雖然只有短短十五分鐘，但感覺好像經歷兩個小時的折磨。在會面的那段時間裡，他一直批評我的做法不對，我整個人愣在那裡，感到非常的沮喪，完全無法表達自己或爭辯什麼。一見面，他就直接批評這個課程不好，因為他問過上課的學員是否有學到些什麼，可是每個學員都無法馬上回答，於是他就推論是我教得不好。

當我體會到這樣的感受時，完全了解為什麼這些上過課的學員無法在他面前表示自己在課堂上學到了什麼，因為一面對他，任何人都會馬上腦袋空白。我當下就是這樣的反應。他帶給人一種恐懼感，會令人完全僵硬，非常不自在。跟他在一起時，很容易變得緊張，進而想保護自己，自然就無法發揮自己最好的一面，所以很多人會盡量不跟他相處，以免被他的氣勢壓制住。

他這種行事風格帶出旁人最糟糕的表現，不僅傷害了他跟我的關係，也讓我更不願意去處理真正的問題。與他一番對話後，我覺得自己沒有用，最後就不想再跟他一起工作了。結果，那個課程完全沒有得到改善。

當然有很多人可能無法像我做這樣的選擇，他必須留下來與這樣的老闆相處，而使得工作創意慢慢消失，最後變成為了工作而工作的人，老闆叫一聲他就動一下。**以恐懼為基礎的互動或領導，或許會很快地帶出結果，可是這個過程十分不人性化，它會製造很多壓力，產生很多負面情緒，因此這並非長久之計。**

二十一世紀最主要的領導能力

你給人帶來什麼樣的影響？你能帶出人最好的一面嗎？還是帶出人最差的一面

呢？或者你對人根本沒有影響力？

「如何讓別人發揮他最好的一面？」這不是一個可有可無的能力，而是二十一世紀最重要的能力。無論你是打工族、老闆、經理人、雇員、老師、父母，或是大學生，都需要具備這項最重要的能力。

想想看，如果你可以選擇，你希望跟誰一起工作呢？是一個能讓你感覺自己很棒、充滿自信，並能夠輕鬆做自己的人？還是選擇要跟一個讓你很緊張、很害怕，不時擔心講錯話做錯事的人呢？

現在，我們來回想自己的生活中，對你的成長帶來重大影響的人，那個人做了什麼事情讓你發揮自我？他是個什麼樣的人，才帶給你這麼大的影響呢？當我不論在什麼地方，提出這個問題，得到的答案都很類似，那就是：

• 那個人相信我的能力，他給我很大的信心讓我相信自己。
• 那個人能啟發我，讓我勇於去追求我的夢想。
• 那個人無條件地接納我，他看到我的優點，也看到我的缺點，可是他仍接納我是一個完整的人。
• 這個人就是懂得如何幫我拓展視野，讓我看到自己還看不到的東西。
• 這個人是個好榜樣，他讓我相信人可以有夢想，並且放心大膽地去追求夢想。
• 這個人的堅韌性與創意，有創造自己生活的行動力。
• 這個人能夠看到別人的潛力，或是某個情況中好的一面，他時常可以看到好的、有潛力的，或是可以改善的一面。

我覺得自己是很幸運的人，遇到了許多良師益友，這些人都帶給我生活上非常豐富的經驗。其中，我最感謝兩個人，他們都是我以前的上司，且有一個共同點：能看到人善良的、好的、有潛力的一面。他們不僅看到我的潛力，還製造環境讓我實現並發揮潛力。他們指出我的優點，不斷地肯定我，並指出我做得好的地方，讓我對自己的優點有強烈的認同感，幫助我建立自信。他們無私地給我很多回應，讓我將事情做得更好。他們製造很多學習機會，給我很多挑戰，讓我在挑戰中建立自己的信心，因為當我克服挑戰時，就能增強自己的信心。

當然他們也看到我的缺點，但是以建設性的方式來看待。例如他們看到我在人事

處理方面還太單純，不過他們不會因此不讓我做某某事，而是為我製造一個環境，比如派我去某個人事複雜的環境，去磨練與面對。從他們身上，我學習到「如何帶出人最好的一面」是種藝術也是門科學，因此我有興趣開始研究人力潛能與開發，慢慢地走上今天當教練的道路。因為曾親身經歷了這樣的過程，所以我相信每個人都有製造人才的能力，正因為你有製造人才的能力，所以可以更容易地達到目標。這是二十一世紀人類最重要的技能之一。

如何帶出人最好的一面？

一、正面期許（Positive Expectations）

see my potential, see the goodness in me, believe in me.
看到我的潛能，看到我的長處，並且相信我。

聽說過「比馬龍效應」（Pygmalion）嗎？它指的是，當你對某人產生期許時，你的期待最終將會使他自己產生同樣的期許。如果你看到一個人的優點，他很自然地也會以愛心與關懷來回應你；如果你覺得一個人有潛力可以成功，很自然會給他多一點關注與資源。

1960年，哈佛大學的羅森塔（Rosenthal）與傑克森（Jackson）做了一個有趣的試驗。他們找一家小學，跟學校老師說有份問卷可以考察出學生的潛力，於是每個學生都做了問卷。事後，他們偷偷將問卷都丟掉，然後隨機選出幾個小孩，告訴老師這幾位是有潛力的學生。結果一年後，這些被隨便挑出來的孩子，其進步與發展真的比一般孩子快。換言之，老師們接受了羅森塔與傑克森對學生的評論，心中也相信這些孩子是有潛力的，自然而然地給這些孩子多一些關懷與關注，這些孩子也就在老師的重視和期許下，進步有如神助。

有沒有想過負面的期許會產生什麼效應呢？一位經常在美國西點軍校研究領導能力的教授，曾與我分享過有關「比馬龍效應」的案例。當排長被告知他排裡的士兵大部分是流氓背景時（事實並不是），排長果然在帶領士兵時遇到特別多的管理問題。這是因為那位排長心中相信這些士兵很難搞，因此會以先入為主的態度來對待他們。因此我時常建議我輔導的經理人，要把自己團隊的人看成是老鷹，

而不是普通的小鳥。

因此不妨問問自己：我有可以看到別人潛力的能力嗎？我是否有好習慣可以在一件事情中看到正面的預測呢？

你可以用下列的問題來檢測自己。

- 我看一個人時，是先看到他的優點還是缺點？
- 我對下屬的表現，是先看到他們做得好的部分，還是做得不好的部分？
- 我是否時常擔心別人會犯錯？
- 我會不會對某些人降低要求，因為我覺得他們沒有能力將事情做到我的標準與要求？

當我們對人有正面期許時，會無意識地通過語言或語氣表現出來，或者是透過非言語的關懷，讓對方感受到，這些感受會影響到他們的自我形成與期許。所以我們所能做的最簡單的事，就是相信他有能力。因為我們相信他有能力，他可能就會從此開始建立自己的信心。

二、對自己負責（Accountability）

承擔責任是一種自己才能做的選擇，你不是為別人負責，是對自己負責。

我們每個人都經歷過這種情況：當感覺身不由己時，就會出現很多藉口。即便在此狀況下，你仍然會把事情做完，但是做得心不甘情不願，只把事情做得剛好交差了事。因為欠缺認同感，所以難以全心全意去做。

當感到被逼著去做某件事情時，我們會去做，並非表示自己對那件事情有認同感、且把自己當成此事的主人，只不過是因為害怕不做會帶來的結果。在此情況下，如果心中有意識或無意識地出現抗拒，人是不可能發揮自己最好的一面。

那麼，如何才能幫助別人發揮最好的一面呢？那就是要讓他感到自己是有選擇的，讓他覺得自己是有能力的。

我教練的一個執行長，他犯了個很大的錯誤。那就是當他的團隊有所提議時，這個提案確實可以達到目標，只不過沒有執行長的方法那麼直接且省時省事，於是執行長以強硬的方式推行了自己的方法。在執行的過程中雖然非常有效，可是團

隊卻打從心裡無法認同，就有很多反對聲浪出現，使得執行中產生很多阻礙。即便最後還是完成目標，不過卻重挫了團隊對執行長的信任，甚至好些人還因而離職。執行長堅持使用自己的方法，那個方法可能比團隊的想法好，但執行長的堅持與強硬態度，眼前他是得到成功，長遠來看卻是失敗，因為許多人才選擇離開他。

希望別人為事情或結果負責，首先就要讓對方覺得自己是自願做出這個選擇。

現在，反過來看看自己，我們的修為如何？是否許下承諾要對自己負責？是否對自己的言行都負責任？我們可曾因工作進度落後，很生氣的時候，就大罵自己的團隊呢？我們是否有意識到自己的情緒？又是用什麼方式去發洩？

當選擇用這樣的方式去處理時，我們也要為自己的行為負責任。一定要分清楚的是，我的情緒與我如何處理情緒是兩回事。想要帶出別人最好的一面時，我們也要對自己的行為負責任。我們可以用施壓的方式來帶領團隊，但是別人可能是因為害怕而達成目標，並非是真心要做好。因為有恐懼，所以拿出來的不會是最好的一面。

三、樹立目標（Goal setting）

要帶出別人最好的一面，首先就要讓他們負起責任，對自己的目標負責。

豎立目標有兩個優點：

A. 將人從被動的心態變成主動。

B. 帶出焦點來。

很多人容易陷入盲點，雖然不停地做，卻不知道是為何而忙。目標，有助於對準自己的焦點，一旦有了目標，你就知道該採取哪些行動。當我們要求對方負責任時，我們希望的是他能對自己的目標負責，而不是單純執行。藉由目標帶出緊張張力其實是件好事，因為這是動力而非壓力，能引出能量去完成事情。

當目標設立正確時，雙方都是以自由意願的方式參與，大家就會有深入的認同感，而這樣的授權，也就能讓人全心地投入目標中。可是如果目標設立得不好，例如讓對方感覺到是由上面交辦下來的事，他是被逼、被強迫，是沒有選擇餘地

時，大家就會將緊張張力看成壓力。一旦視之為壓力，目標就很難形成。

以下的圖對設立目標很有幫助，設立目標該是由起點開始。

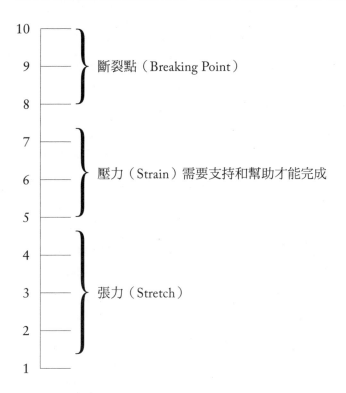

設立目標時，如果這個人是在起點1，那麼你設定在2或3，就會產生張力。但是如果設定在10，那麼對他產生的是壓力而非張力，於是目標設定就形同無效。

目標設定其實是一種非常有效的方式，施行於生活或是工作上，都是非常好的機制，它可以讓你瞄準自己的焦點，激發我們對事情的熱忱，也能給我們清晰的方向，因為有目標我們才知道終點在哪裡，清楚方向在哪我們才能執行，否則將很難有成就感。沒有成就感，就沒有享受成就的機會。

因此當我們啟發別人，讓他們看到自己新的可能性與潛力時，其實是正在幫他們看到不同的未來。如果這個未來還是很模糊，我們需要做的就是通過目標設定，協助他更清晰地看到模糊的未來，一旦清晰後，我們就能給予他承諾；如果還沒

有達到清晰，我們不免會有很多懷疑與猶豫，而不敢給予承諾。當一個人豎立目標並做出承諾時，很多資源就會出現，不過這些資源在他還沒做出承諾時，是不會出現的。

目標設立是一種機制，這個基礎就是心理學所說的「動力」，有動力就能幫助我們達到目標。在此，我要強調一點，目標的設立並非是物質上的擁有，例如我要多買件衣服或一輛車子、最新的手機等等。

四、反饋（Feedback）

反饋，是我們可以給予人最珍貴的禮物。只是很多人不知道如何給予，有些怕給予別人反饋會傷害別人，或者因為不想批評別人不好，而在做出回饋時內心掙扎萬分。但是當一個人願意克服自己的掙扎，給你反饋的話，這是非常珍貴的禮物。舉例來說，我們一定遇過有朋友有口臭的問題，可是誰肯去告訴他呢？例如同事的一些小習慣讓人很煩，我們是否有給他一個機會，讓他知道反饋後而有機會去採取行動呢？大部分的時候，我們寧可迴避也不去面對問題，其實這就失去了可以幫助人的影響力。做出反饋是以愛心為出發點，無條件的反饋會有最好的效果，因為能使對方看到他自己的盲點，而這些都是他之前不知情的事。當反饋得好時，它會讓對方對自己有更進一步的認識，協助對方變得更有自信。每個人都需要得到他人的反饋，你的老闆也需要反饋，他希望知道怎樣跟你共事，希望了解最有效率的工作方式是什麼，這麼一來對你也有所幫助。你的父母也需要反饋，他們需要知道你是如何關懷與愛他們的；同樣的，你的伴侶也想知道你是如何珍惜他的。

大部分的人都認為反饋是負面的東西，因為它的內容常常是負面的。但無論反饋的內容是正面或負面，只要方式做得好、有建設性，那麼這類型的反饋是好的反饋，能使雙方關係結合得更密切。

給予反饋，需要些技巧才做得好，我們不是天生就會而是要通過學習的。當你懂得如何回饋時，你便能夠將人與人之間的交流帶到真心且更有意義的互動，因而能帶出人最好的一面。當你能好好地做出反饋時，對方就能誠心誠意地相信你，敢在你面前做他自己，且表現出他們最好的一面。

我們該怎樣給予別人反饋？

1. 出發點是要為對方好，而且是無條件的。
2. 當你給予反饋時，要調整自己的心態，是出於對方可以做得更好，而不是對方不行。這在聽者心中會出現很大的差異。
3. 講真話，但是要以有愛心的方式表達。陳述真實，但不要以批評打擊的方式來表達。
4. 就事論事，指出你看到的行為，而非針對行為的判斷。例如一個人面對顧客的投訴時，嗓門大聲，動作誇張，這是實際的行為，但如果你說他剛才非常不禮貌，這個是你對行為判斷不禮貌，因此你要講的是行為，而非你的判斷。
5. 直接講出你對行為的感想。
6. 最後，當你做出反饋時，要給對方選擇的權利。他可以接受我給的反饋，可是他也有權利拒絕聽進去，他可以不理會我。大部分在有選擇的狀況下，對方都會願意接受，因為他知道你是出自善意。

例如：「我看到你剛才對待顧客投訴時，嗓門大聲，動作誇張。我擔心顧客心中可能覺得不舒服，可能覺得我們根本不重視他的問題。我想給你一些建議，讓你以後處理顧客投訴時會更有效，很快速的就能夠安撫顧客的情緒，而且得到良好的結果。」如果你掌握了有效反饋的技巧，你會發現這是激勵對方最好的方法，因為對方會感覺自己受重視、受尊重，也同時感覺到你給予的愛心，使他更倍感受到認同。

有一句話說：「當學生準備好時，老師就會出現。」我覺得在這個二十一世紀，每個人都必須做好自己的修鍊，學會怎樣提供反饋，學會怎樣幫別人樹立目標，讓他可以為自己負責，提高他對自己的要求。如果能掌握這些技能，我們就有資格當老師。

因此，當學生準備好時，我們當然就可以成為他的資源。

如何回應正面信息（三種錯的及一種對的回應方式）

親密的關係在正向心理學研究是很重要的領域。如果我們沒有能力與他人建立良好親密的關係，我們不可能快樂，人生更不可能充滿幸福感。美國加州的一位心理學家 Shelly Gable 發現親密伴侶關係最關鍵的不是能夠「共苦」，而是「同甘」。她的研究專注在分析，是什麼因素讓一對伴侶能夠長期維持親密恩愛的關係。

Gable 告訴我們，關鍵是當伴侶與我們分享正面信息時，我們如何回應。她研究出三種錯的方式和一種對的方式。從對好事的回應方式，我們可以很精準的判斷這對伴侶的親密質量及感情能維持多久。

舉個例子。當你的伴侶下班回家很興奮地告訴你老闆讚揚他，還升他職。你會如何回應他？

a.「這太棒了。你絕對有資格勝任新的崗位！恭喜你。我就知道你的才華會被老闆看到的。」

b.「很好。」有點敷衍，很快地把話題轉換掉。

c.「真的嗎？那以後要加班嗎？我才不相信你這麼有本事值得老闆這麼做？肯定是用一點小錢，讓你以後更賣力、更任勞任怨地為他做事。」

d.「我今天遇到一個特別難搞的客戶……，今晚我不餓，你自己解決晚餐吧。」

a.是最有效的回應方式。我們稱之為 active constructive response，就是主動/有建設性的回應。主動地做有建設性的回應是與對方共享喜悅，以提問體現我們的熱忱、興趣及支持。通過提出問題，我們也可幫助他人思考更多有關正面的事件。其他三種回應方式都傾向產生負面影響，被動地做建設性的回應。（b）亦然，因為它令人洩氣。不過如果能夠從（c）及（d）破壞性的方式改變成（b）的做法，我認為已經是一個好的開始。

當 Gable 在我們 MAPP 碩士班分享她的研究成果時，我突然有許多感觸。我們都希望與自己心愛的人白頭偕老，可是放眼看看我們的長輩、同輩們，有多少人的伴侶關係是真正的恩愛親密？我們開始駕駛時，須學習如何開車。我們成家時，

卻不需要學習如何建立相愛的親密關係。如果我們每個人都懂得以 Gable 建議的方式對待我們親愛的人，相信這世界會有更多幸福的人。

這個學習不僅能夠促進伴侶的親密關係，它其實是生活中時時刻刻都用得到的溝通方式。習慣以這種方式與他人溝通，我們逐漸就會變成更積極、更正向的人。

我們該怎樣給予別人反饋？

主動地做建設性的回應 ＞熱忱的支援，帶引講者，共享喜悅 ＞讓正面訊息更能被集中 例子： 「好主意，我想知道更多有關資訊。」 「升職真值得我們慶祝，你現在一定很興奮吧？」	主動地做破壞性的回應 ＞貶低對方，破壞事件 ＞打擊對方的士氣 例子： 「那代表更多壓力，我不羨慕你。」 「你別把事情想得那麼美，你一定是被騙了。」
被動地做建設性的回應 ＞沉默、低能量的支持，缺乏熱情 ＞令人洩氣 例子： 「那真好。」 「還可以。」	被動地做破壞性的回應 不顧事件，將焦點轉到自己 例子： 「我告訴你我的喜訊。」 「你的問題是小事，我今天遇到的才困難。」

漣漪關鍵練習
十個方式帶出人最好的一面

1. 不要期待別人是十全十美的，幫助每個人進步。

2. 給予善意與支持的反饋。

3. 當有人的表現低於原來水準時，要面對而非迴避，不過要做到的是雙方都能對改善做出承諾，而非施以壓力。

4. 看到任何小小的進步就要認同，而非等到對方做到最理想才認同。

5. 當發生問題或做錯事時，要實事求是地面對，不過不要拘泥，而是檢討後就向前看，而非歸咎誰的責任。注重的應該是解決方案，而非問題本身。

6. 不要因生氣而失態，當你的發洩方式是傷害到別人時，這其實非常不負責任，也對別人不尊重。因為拿人出氣只是發洩了自己的怨氣，但卻傷害了別人。因此當你有這樣的行為時，別人就會怕，一怕就會出錯，反而造成惡性循環。

7. 學習怎麼用「如何how」問句，而非「為何why」問句。後者主要是在追究錯誤，前者則是解決問題與克服，「如何」能帶出能量，因此多用此提問。

8. 開始注意人家做得對的地方，而非錯的地方。一旦發現做對的地方，要主動告知並且認同，看到對方獨特的優點時，告訴他。當你告訴他時，要具體而非籠統的方式，我覺得你好，好在哪裡，是如何好，讓對方清楚接受到訊息。

9. 讓對方跟你在一起時有安全感，這種安全感來自認同，他知道跟你在一起時不用害怕會做錯事，即便做錯，你也不會因此而不再喜歡他。

10. 犯錯也可以轉化成好的一面，自己做錯時主動地承認錯誤並改正，這樣別人就會以你為榜樣。

11. 注意自己的用字。你沒講的話與不講的部分，都是在告訴旁人一些訊息。你表達的方式也給了別人很多訊息。

Start Your Own Ripple Effect

國家圖書館出版品預行編目資料

漣漪詞：11個改變人我關係的正向思考／陳郁敏著.
-- 初版 .-- 臺北市：臉譜出版：家庭傳媒城邦分公
司發行, 2011.01
面；　公分.--（心靈養生；FJ2028）
ISBN 978-986-120-281-5（平裝）
1.自我實現　2.生活指導
177.2　　　　　　　　　　　　　　99016092

心靈養生 FJ2028

漣漪詞：11個改變人我關係的正向思考

作　　　者　陳郁敏
文 字 整 理　廖薇真、陳曙青
插　　　畫　Kim Chan
封 面 設 計　A'DESIGN

發　行　人　涂玉雲
出　　　版　臉譜出版
　　　　　　城邦文化事業股份有限公司
　　　　　　台北市民生東路二段141號5樓
　　　　　　電話：886-2-25007696　傳真：886-2-25001952
發　　　行　英屬蓋曼群島商家庭傳媒股份有限公司城邦分公司
　　　　　　台北市中山區民生東路141號2樓
　　　　　　客服服務專線：02-25007718；25007719
　　　　　　24小時傳真專線：02-25001990；25001991
　　　　　　服務時間：週一至週五上午09:30-12:00；下午13:30-17:00
　　　　　　劃撥帳號：19863813　戶名：書虫股份有限公司
　　　　　　讀者服務信箱：service@readingclub.com.tw
　　　　　　城邦讀書花園網址：http://www.cite.com.tw
香港發行所　城邦（香港）出版集團有限公司
　　　　　　香港灣仔駱克道193號東超商業中心1樓
　　　　　　電話：852-25086231　傳真：852-25789337
新馬發行所　城邦（新、馬）出版集團
　　　　　　Cite（M）Sdn. Bhd.（458372U）
　　　　　　11, Jalan 30D/146, Desa Tasik, Sungai Besi,
　　　　　　57000 Kuala Lumpur, Malaysia
　　　　　　電話：603-90563833　傳真：603-90562833
初 版 一 刷　2011年1月13日

城邦讀書花園
www.cite.com.tw

ISBN 978-986-120-281-5

售價：320元
（本書如有缺頁、破損、倒裝、請寄回更換）